INTERIORES MINIMALISTAS

"Cuando miramos la solidez de una montaña o la intensidad del mar, cuando de repente nos encontramos delante de un paisaje así, éste aparece como una fuerte presencia monolítica. Todo, incluyendo el propio ego, queda en un segundo plano (...) Esta visión nos absorbe completamente; es belleza en sí misma. Si sois afortunados, podréis pensar en un edificio que os absorba con la misma identidad, a ese edificio yo le llamo arquitectura, lo demás son meramente construcciones."
Claudio Silvestrin

"When one actually sees the solidity of a mountain or the vastness o the sea, when one comes upon it sunddenly, there it is in its monolithic presence. Everything, including ones's own ego, has been pushed aside, except the majesty of that mountain or that sea. Such a sight absorbs you completely – it is beauty itself. If you are fortunate enough, think of a building that absorbs you with the same intensity – that building I call architecture; the others are nothing but edifices. " *Claudio Silvestrin*

"El minimalismo podría definirse como la perfección de un artefacto que ha llegado al límite de su reducción. Es la cualidad de un objeto cuando cada componente, cada detalle, cada intersección han sido condensados y reducidos a su esencia. Es el resultado de la omisión de lo superfluo." *John Pawson*

"The Minimum could be defined as the perfection an artifact acheives when it is no longer possible to improve it by subtraction. This is the quality that on object has when every component, every detail, and every junction has been reduced or condensed to the essentials. It is a result of the omission of the inessentials. " *John Pawson*

INTERIORES MINIMALISTAS

KLICZKOWSKI PUBLISHER

ASPPAN   CP67

Director / Publisher:
Guillermo Raúl Kliczkowski

Asesores de Dirección / Direction Assessors:
Mirta A. Kracoff, Hugo Alberto Kliczkowski

Edición y texto / Editor and text:
Aurora Cuito

Diseño Gráfico / Graphic Design:
Mireia Casanovas Soley

Compaginación / Layout:
Jaume Martínez Coscojuela

Traducción / Translation:
Harry Paul

Corrección / Copyediting:
Francisco Martinell y Juliet King

Propiedad de / Copyright:

Para la edición española:

© Kliczkowski Publisher - A Asppan S.L.

ISSN: 0328 2406

UPC 53088 86776

Para la edición internacional:

© LOFT publications S.L.

Proyecto Editorial
LOFT publications
Domènec 9, 2-2
08012 Barcelona. Spain
Tel.: +34 93 218 30 99
Fax: +34 93 237 00 60
e-mail: loft@loftpublications.com
www.loftpublications.com

Impreso en / Printed in:
Gráficas Apipe. Sabadell, Barcelona, España
Printed in Spain
Publicación bimestral / Bimonthly publication
http://www.casasinternacional.com.ar

Abril / April 2000

Publicación registrada en la Asociación de
la Prensa Técnica y Especializada Argentina

Distribuido en Latinoamérica por / Distributed in Latin America by:
Librería Técnica CP67 S.A., Florida 683, Local 18
C1005AAM Buenos Aires, Argentina
Tel. 54 11 4314-6303, Fax: 54 11 4314-7135
www.cp67.com - E-mail: info@cp67.com

En venta en Argentina / On sale in Argentina at:
FADU, Ciudad Universitaria, Pabellón 3, Planta Baja
C1428EHA Buenos Aires, Argentina
Tel. 54 11 4786-7244

La Librería del Museo (MNBA), Av. del Libertador 1473
C1425AAA Buenos Aires, Argentina
Tel. 54 11 4807-4178

Buenos Aires Design Recoleta, Av. Pueyrredón 2501
C1119ACI Buenos Aires, Argentina
Tel. 54 11 4806-1111 - Interno 1241

FAUD, Funes 3350, Planta Baja
B7602AYL Mar del Plata, Prov. de Bs. As., Argentina
Tel. 54 223 473-7434

Distribuido en España y Portugal por / Distributed in Spain and
Portugal by:
A Asppan S.L., Dr. Ramón Castroviejo 63
28035 Madrid, España/Spain
Tel. 34 91 373-3478, Fax: 34 91 373-3132/7439
www.cp67.es - E-mail: asppan@infornet.es

A Asppan Barcelona, Provença 292, Pral. 2º A
08008 Barcelona, España/Spain
Tel. 34 93 487-3087, Fax 34 93 487-9065
Móvil 34 609 10-9425
E-mail: asppanbcn@infornet.es

En venta en España / On sale in Spain at:
CP67 Librerías S.L., Dr. Ramón Castroviejo 61
28035 Madrid, España/Spain
Tel. 34 91 373-3478, Fax: 34 91 373-3132/7439
E-mail: cp67@infornet.es

En venta en Uruguay / On sale in Uruguay at:
CP67 Librerías, Constituyente 2038
11200 Montevideo, Uruguay
Tel. 598 2 402-9712, Fax: 598 2 402-9713
E-mail: suscribase@cp67.com

Facultad de Arquitectura Univ. de la R.O.U.,
Boulevard Artigas 1031
11300 Montevideo, Uruguay
Tel. 598 2 402-9712, Fax: 598 2 402-9713

En venta en Brasil / On sale in Brazil at:
Livraria do Arquiteto, Faculdade de Arq. (UFRGS)
Rua Sarmento Leite, 320
90050-170 Porto Alegre, RS-Brasil/Brazil
Tel. 55 51 212-4644, Fax: 55 51 267-1667
E-mail: liv-arquiteto@netmarket.com.br

Distribuido en Brasil por / Distributed in Brazil by:
Livraria do Arquiteto, Faculdade Ritter
Dos Reis, Rua Orfanatrofio, 555
cep 90840-440 Porto Alegre RS
Brasil / Brazil
Tel. 55 51 232-4610

Distribuido en Inglaterra por / Distributed in England by:
Art Books International Ltd., 220 Stewars Road
Londres SW8 4UD, Inglaterra/England
Tel. 44 171 720-1503, Fax: 44 171 720-3158

En venta en México por / Distributed in Mexico by:
Librería Juan O'Gorman, Av. Constituyentes 800
Col. Lomas Altas, Mexico D.F. 11950
Tel. 52 5 259-9004, Fax: 52 5 259-9015
E-mail: novodzelsky@iserve.net.mx

Distribuido en Italia por / Distributed in Italy by:
Logos Art. S.R.L., Strada Curtatona, 5/F
41100 Loc. Fossalta Módena, Italia/Italy
Tel. 39 059-418821, Fax: 39 059-280123

ÍNDICE / INDEX

oducción introduction introducción introduction introducción introduction introducción introduction introducción introduction introducción introduction introducción introduction introducción introduction introducción
oduction introducción introduction introducción introduction introducción introduction introducción introduction introducción introduction introducción introduction introducción introduction introducción introduction
oducción introduction introducción introduction introducción introduction introducción introduction introducción introduction introducción introduction introducción introduction introducción introduction introducción
oduction introducción introduction introducción introduction introducción introduction introducción introduction introducción introduction introducción introduction introducción introduction introducción introduction
oducción introduction introducción introduction introducción introduction introducción introduction introducción introduction introducción introduction introducción introduction introducción introduction introducción
oduction introducción introduction introducción introduction introducción introduction introducción introduction introducción introduction introducción introduction introducción introduction introducción introduction
oducción introduction introducción introduction introducción introduction introducción introduction introducción introduction introducción introduction introducción introduction introducción introduction introducción
oduction introducción introduction introducción introduction introducción introduction introducción introduction introducción introduction introducción introduction introducción introduction introducción introduction
oducción introduction introducción introduction introducción introduction introducción introduction introducción introduction introducción introduction introducción introduction introducción introduction introducción
oduction introducción introduction introducción introduction introducción introduction introducción introduction introducción introduction introducción introduction introducción introduction introducción introduction
oducción introduction introducción introduction introducción introduction introducción introduction introducción introduction introducción introduction introducción introduction introducción introduction introducción
oduction introducción introduction introducción introduction introducción introduction introducción introduction introducción introduction introducción introduction introducción introduction introducción introduction
oducción introduction introducción introduction introducción introduction introducción introduction introducción introduction introducción introduction introducción introduction introducción introduction introducción
oduction introducción introduction introducción introduction introducción introduction introducción introduction introducción introduction introducción introduction introducción introduction introducción introduction
oducción introduction introducción introduction introducción introduction introducción introduction introducción introduction introducción introduction introducción introduction introducción introduction introducción
oduction introducción introduction introducción introduction introducción introduction introducción introduction introducción introduction introducción introduction introducción introduction introducción introduction
oducción introduction introducción introduction introducción introduction introducción introduction introducción introduction introducción introduction introducción introduction introducción introduction introducción
oduction introducción introduction introducción introduction introducción introduction introducción introduction introducción introduction introducción introduction introducción introduction introducción introduction
oducción introduction introducción introduction introducción introduction introducción introduction introducción introduction introducción introduction introducción introduction introducción introduction introducción
oduction introducción introduction introducción introduction introducción introduction introducción introduction introducción introduction introducción introduction introducción introduction introducción introduction
oducción introduction introducción introduction introducción introduction introducción introduction introducción introduction introducción introduction introducción introduction introducción introduction introducción
oduction introducción introduction introducción introduction introducción introduction introducción introduction introducción introduction introducción introduction introducción introduction introducción introduction
oducción introduction introducción introduction introducción introduction introducción introduction introducción introduction introducción introduction introducción introduction introducción introduction introducción
oduction introducción introduction introducción introduction introducción introduction introducción introduction introducción introduction introducción introduction introducción introduction introducción introduction
oducción introduction introducción introduction introducción introduction introducción introduction introducción introduction introducción introduction introducción introduction introducción introduction introducción
oduction introducción introduction introducción introduction introducción introduction introducción introduction introducción introduction introducción introduction introducción introduction introducción introduction
oducción introduction introducción introduction introducción introduction introducción introduction introducción introduction introducción introduction introducción introduction introducción introduction introducción
oduction introducción introduction introducción introduction introducción introduction introducción introduction introducción introduction introducción introduction introducción introduction introducción introduction
oducción introduction introducción introduction introducción introduction introducción introduction introducción introduction introducción introduction introducción introduction introducción introduction introducción
oduction introducción introduction introducción introduction introducción introduction introducción introduction introducción introduction introducción introduction introducción introduction introducción introduction
oducción introduction introducción introduction introducción introduction introducción introduction introducción introduction introducción introduction introducción introduction introducción introduction introducción
oduction introducción introduction introducción introduction introducción introduction introducción introduction introducción introduction introducción introduction introducción introduction introducción introduction
oducción introduction introducción introduction introducción introduction introducción introduction introducción introduction introducción introduction introducción introduction introducción introduction introducción
oduction introducción introduction introducción introduction introducción introduction introducción introduction introducción introduction introducción introduction introducción introduction introducción introduction
oducción introduction introducción introduction introducción introduction introducción introduction introducción introduction introducción introduction introducción introduction introducción introduction introducción
oduction introducción introduction introducción introduction introducción introduction introducción introduction introducción introduction introducción introduction introducción introduction introducción introduction
oducción introduction introducción introduction introducción introduction introducción introduction introducción introduction introducción introduction introducción introduction introducción introduction introducción
oduction introducción introduction introducción introduction introducción introduction introducción introduction introducción introduction introducción introduction introducción introduction introducción introduction
oducción introduction introducción introduction introducción introduction introducción introduction introducción introduction introducción introduction introducción introduction introducción introduction introducción
oduction introducción introduction introducción introduction introducción introduction introducción introduction introducción introduction introducción introduction introducción introduction introducción introduction
oducción introduction introducción introduction introducción introduction introducción introduction introducción introduction introducción introduction introducción introduction introducción introduction introducción
oduction introducción introduction introducción introduction introducción introduction introducción introduction introducción introduction introducción introduction introducción introduction introducción introduction
oducción introduction introducción introduction introducción introduction introducción introduction introducción introduction introducción introduction introducción introduction introducción introduction introducción
oduction introducción introduction introducción introduction introducción introduction introducción introduction introducción introduction introducción introduction introducción introduction introducción introduction
oducción introduction introducción introduction introducción introduction introducción introduction introducción introduction introducción introduction introducción introduction introducción introduction introducción
oduction introducción introduction introducción introduction introducción introduction introducción introduction introducción introduction introducción introduction introducción introduction introducción introduction
oducción introduction introducción introduction introducción introduction introducción introduction introducción introduction introducción introduction introducción introduction introducción introduction introducción
oduction introducción introduction introducción introduction introducción introduction introducción introduction introducción introduction introducción introduction introducción introduction introducción introduction
oducción introduction introducción introduction introducción introduction introducción introduction introducción introduction introducción introduction introducción introduction introducción introduction introducción
oduction introducción introduction introducción introduction introducción introduction introducción introduction introducción introduction introducción introduction introducción introduction introducción introduction
oducción introduction introducción introduction introducción introduction introducción introduction introducción introduction introducción introduction introducción introduction introducción introduction introducción

Introducción / Introduction

En la evolución de la arquitectura se repiten, aunque adaptadas a los tiempos, ciertas tendencias. Después de momentos de crisis se produce una revisión de los planteamientos arquitectónicos vigentes y se acostumbra a volver a la sobriedad, al rechazo de la ornamentación y a la búsqueda de la esencia. El siglo xx, dirigido por el Movimiento Moderno, acogió la primera crisis de identidad a final de los años '60, provocando la aparición del Minimalismo y el Pop Art. Más tarde, y como oposición al Postmodern y al Deconstructivismo, volvieron a aparecer corrientes que rechazaban la formalización trivial.

Para los minimalistas se trata de volver al punto inicial y, a partir de ahí, llegar mediante el mínimo de gestos a la esencia de la arquitectura. El minimalismo no es sólo negación, o substracción, o puritanismo; es la reducción del proceso creativo a conceptos básicos de luz, volumen y masa. Una formalización austera y simple, que a su vez esconde una construcción técnica y elaborada, permite una percepción clara y contundente de los espacios sin que haya elementos superfluos que la enturbien.

Este libro es un recorrido por la arquitectura minimalista a través de varios proyectos organizados en tres capítulos: viviendas, oficinas y edificios públicos; y espacios comerciales. Fácil será encontrar omisiones en las siguientes páginas; no significan necesariamente desdén, olvido o ignorancia. Se han reunido trabajos representativos que tienen en común la voluntad de crear una obra concreta, cuyo sentido no provenga de un discurso asociado, una reflexión sobre lo que evoca, lo que representa, o sobre cómo se ha realizado, sino exclusivamente de su observación directa y su relación con el entorno.

As architecture has evolved, certain tendencies have been repeated and adapted to the times. After periods of great upheaval or excess, the architectural focus changes and, usually, there is a return to moderation. Ornamentation is pushed aside and architects search for the essential elements. The twentieth century, guided by the Modern Movement, experienced an identity crisis at the end of the '60 that provoked the emergence of Minimalism and Pop Art. Later, and in complete contrast to Postmodernism and Deconstructionism, currents began to appear which turned their back on trivial formalization.

For the minimalists, it meant going back to the starting point in order to arrive at the essence of architecture through minimum gestures. Minimalism is not only negation, subtraction and purity: it is about reducing the creative process to the basic concepts of light, volume and mass. This austere and simple formalization, which some-times hides elaborate technical construction, eliminates all superfluous elements and results in a clear, intense perception of the spaces.

This book is a journey through minimalist architecture. It examines various projects, which are organized into three chapters: homes, offices and public buildings and shopping spaces. It will be easy to find gaps in the book. This does not mean that other designs have been rejected, forgotten or ignored. It is simply a question of space. However, the projects included in the book do share the desire to create a defined architectural piece, whose meaning does not depend on an associated discourse or a reflection on what has been evoked or how it has been done. Rather, the aim is to simply observe the designs and the way they interact with their surroundings.

Viviendas
Housing

Casa Na Xemena

Arquitecto, Architect:
    Ramon Esteve
Colaboradores, Collaborators:
    Juan A. Ferrero,
    Antonio Calvo
Fotógrafo, Photographer:
    Ramon Esteve
Ubicación, Location:
    Ibiza, España/*Spain*
Fecha de construcción, Completion date:
    1997
Superficie, Floor space:
    310 m²

La magnitud de todos los elementos que se integran en Na Xamena, al NO de Ibiza, exige una actitud reverente ante tanto equilibrio, sensibilidad ante la grandeza y el diálogo entre la imagen del territorio y el edificio: es lo que debe perdurar, lo que tiene de seductor y extraordinario el mundo de la arquitectura.

Desde la preparación de los primeros planos y la elección de materiales y colores, los volúmenes y los elementos constructivos se articularon con una fluidez natural, sin estar constreñidos por un esquema geométrico rígido, aunque mantienen una base racional. La casa está planteada de manera que puede tener un crecimiento continuo, determinado por las pautas que marca el núcleo originario. La agregación de los diferentes cuerpos que forman las dependencias interiores, se dispone como una secuencia de espacios cuyas medidas varían proporcionalmente en sus tres dimensiones, trazando un recorrido creciente.

El conjunto arquitectónico está construido sobre la base rocosa, definiéndose como un todo compacto y simple, paralelo a la forma del acantilado. Desde el exterior la disposición de las terrazas y la piscina, con leves desniveles, crea una perspectiva visual que acaba en la geometría rotunda de los volúmenes de la casa. El conjunto busca una relación armónica con el entorno, sin estridencias, como una sucesión suave y lógica entre el terreno y el paisaje.

Los muros exteriores, limpios y desnudos, se horadan para captar la luz siguiendo un orden natural marcado por la configuración interior, en la que predominan los espacios llenos sobre los vacíos, revocados con colores obtenidos mediante pigmentos naturales, grises en los suelos y las terrazas, y añiles en los planos verticales.

Tres ventanales de madera de iroko enmarcan la panorámica sobre la terraza y la piscina. Los muros interiores -pintados en blanco y en azul cobalto- constituyen el elemento unificador a lo largo de la casa y cuentan con una iluminación cenital.

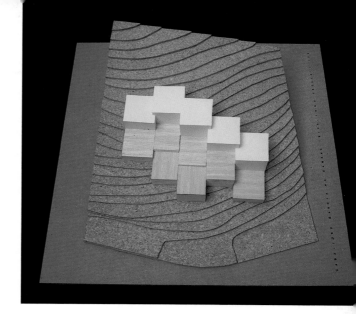

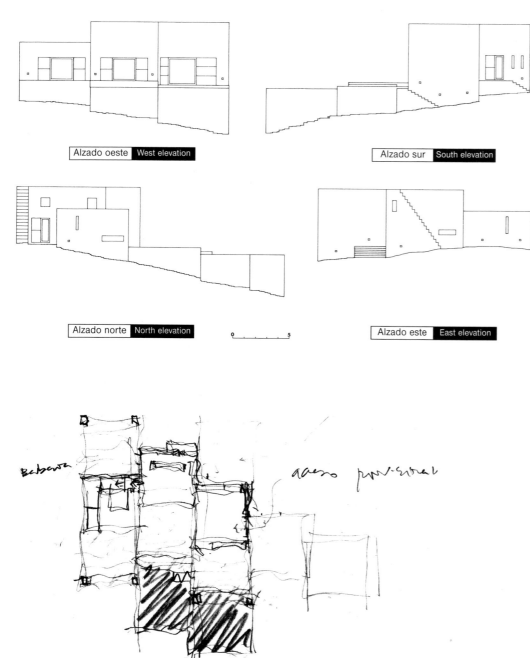

Alzado oeste | West elevation

Alzado sur | South elevation

Alzado norte | North elevation

0   5

Alzado este | East elevation

Betanzos

aceso provisional

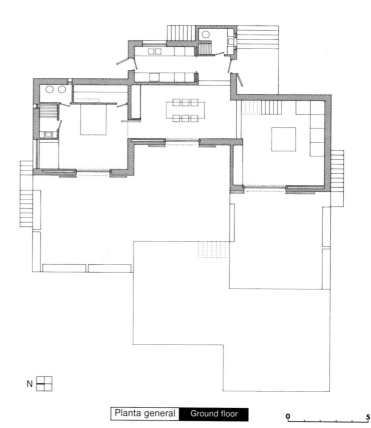

N

Planta general | Ground floor

0   5

Casa 2/5

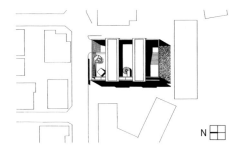

N ⊞

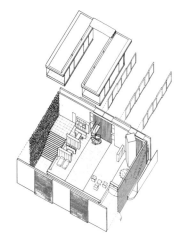

Arquitecto, Architect:
    Shigeru Ban
Colaboradores, Collaborators:
    Hoshino Architect & Engineer
    (estructuras/*structures*), Matsumoto
    Corporation (constructora/*contractor*)
Fotógrafo, Photographer:
    Hiroyuki Hirai
Ubicación, Location:
    Nishinomiya, Japón/*Japan*
Fecha de construcción, Completion date:
    1995
Superficie, Floor space:
    507 m²

La Casa 2/5 forma parte de una serie continuada de construcciones experimentales que se basan en la exploración del espacio y de la luz y de su interrelación con el entorno. Diseñadas para clientes intrépidos, cada prototipo pretende ser la solución al alojamiento perfecto para todos los aspectos de la vida doméstica.

La edificación está ubicada en las afueras de la ciudad. Su principal objetivo era aislarse del entorno urbano, evitando el ruido y la contaminación y creando cierta intimidad. Ban incorpora una versión alterada del patio doméstico tradicional. Divide la superficie total en cinco franjas iguales que intercalan espacios interiores con jardines y terrazas.

La vivienda está limitada a este y oeste por muros de hormigón de doble altura. En la orientación norte, una malla densa de PVC otorga privacidad a la residencia. En la fachada que da hacia la calle, el cerramiento se compone de una pantalla de aluminio doblada y perforada que permite vislumbrar la rampa que lleva hacia el garaje. Una puerta independiente conduce hasta un pasillo que discurre longitudinalmente por uno de los lados de la casa, conectando la sucesión de patios y estancias habitables.

El deseo de Ban de integrar las superficies exteriores con las interiores se consiguió mediante puertas de vidrio correderas que se deslizan para crear un enorme espacio unificado, enmarcado por una pared trasera de densa vegetación. Gracias a la manipulación de las paredes acristaladas y de las múltiples pantallas internas, la residencia se convierte en el escenario perfecto para la rutina doméstica.

Los tres patios están protegidos climáticamente por medio de toldos que se despliegan manualmente.

Aunque la construcción participe de influencias de la arquitectura tradicional japonesa (la fluida interpretación del espacio, la austeridad en los materiales y la relación con la naturaleza), la casa responde de manera imaginativa a los requisitos de la vida contemporánea.

House 2/5 forms part of a continuous series of experimental constructions based on exploring space, light and interrelation with the environment. Designed for intrepid clients, each prototype attempts to be the perfect dwelling for all aspects of domestic life.

The building is located on the outskirts of the city and the principal objective was to isolate it from the urban environment, cutting out noise and pollution in order to provide intimacy. The architect, Shigeru Ban, has incorporated an alternative version of the traditional domestic patio. The total surface area has been divided into five equal strips that alternate interiors with gardens and terraces.

The home is bordered to the east and west by double-height concrete walls. On the north face, a thick PVC net secludes the residence. On the façade that leads to the street, a perforated, folded aluminium screen permits visibility of the ramp down to the garage. An independent door leads to a corridor that runs lengthwise along one side of the house connecting the different patios and livable rooms.

Ban's desire to integrate the open-air spaces with the interiors has been achieved by using sliding glass doors that open up to form an enormous common space with a dense hedge as the back wall. Thanks to the way the glazed walls and multiple internal screens are set up, the residence – living rooms, dining room, kitchen and bedrooms – becomes the perfect stage for everyday home life.

The three patios can be protected from the elements by canopies that are pulled out manually.

Although the construction is influenced by traditional Japanese architecture (the fluid interpretation of space, the austere materials and the relation with nature), the house responds with imagination to the requirements of contemporary life.

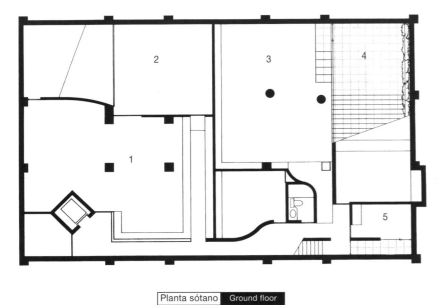

Planta sótano | Ground floor

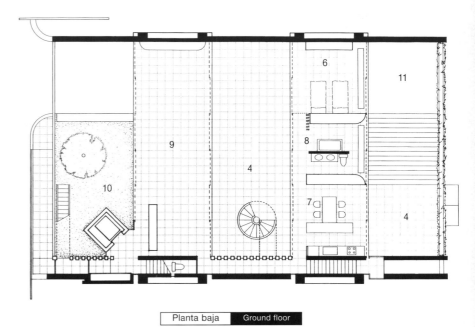

Planta baja | Ground floor

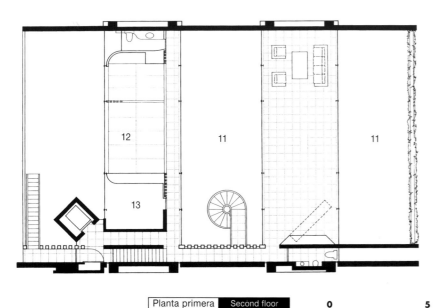

Planta primera | Second floor

0 — 5

1. Almacén	1. Storage
2. Garaje	2. Garage
3. Biblioteca	3. Library
4. Terrazas	4. Terrace
5. Habitación para el servicio	5. Service room
6. Habitación	6. Bedroom
7. Cocina y comedor	7. Dining-kitchen
8. Baño	8. Bathroom
9. Sala de estar	9. Living room
10. Jardín	10. Garden
11. Vacíos	11. Empty spaces
12. Sala de tatami	12. Tatami room
13. Habitación para los niños	13. Childrens' rooms

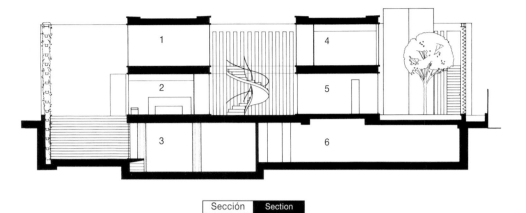

1. Sala de estar
2. Baño
3. Biblioteca
4. Sala de tatami
5. Comedor
6. Almacén

1. Living room
2. Bathroom
3. Library
4. Tatami room
5. Dining room
6. Storage

Sección   Section

Vista del proyecto a través de las distintas bandas.

View of the project through the different areas.

Escaleras de entrada a la vivienda en la planta primera.

Entry stairs of the house on the second floor.

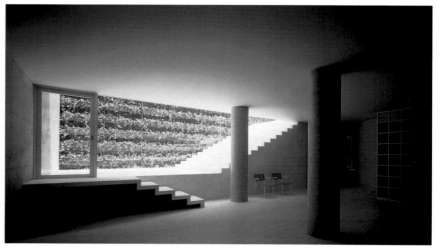

Vivienda en Montecarlo

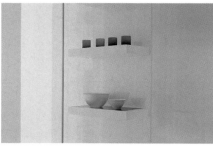

Este proyecto está ubicado en el piso 14 del rascacielos Mirabeau y nace de la fusión de dos apartamentos divididos por un muro portante de hormigón armado.

El cliente es un hombre de negocios que pasa parte de la semana en Montecarlo y casi siempre come fuera por lo que la vivienda se concibió como una suite con terraza donde disfrutar de desayunos de ensueño y de aperitivos al atardecer.

El objetivo del proyecto era crear un solo espacio continuo y fluido que gozara de las magníficas vistas al mar. De este modo, el muro de carga que divide el piso longitudinalmente se desmaterializó mediante la colocación de espejos, volúmenes acristalados que parecen pasar de un lado a otro y aberturas de acero inoxidable.

Los baños, la cocina y los armarios se idearon como cuerpos independientes instalados en un espacio único. La terraza, pensada como una cubierta de barco, es parte integral del interior y permite su expansión asegurando fluidez. La luz natural varía el color de las piezas acristaladas mimetizando el efecto de las lámparas en el interior.

Los contenedores de cristal adosados al muro fueron concebidos como cajas de luz y adquieren múltiples tonalidades gracias a filtros de colores. Los cerramientos tridimensionales se pueden desplazar mediante ruedas en su base. Los paneles pivotantes se crearon para dejarse abiertos y así ofrecer diversas posibilidades de división del espacio, creando numerosas perspectivas.

El baño se comunica con la habitación. La ducha está situada detrás de la cama; y la manpara de cristal permite ducharse mirando el mar. Las superficies brillantes, los cristales transparentes y los espejos crean un juego de reflejos que oculta e incrementa las fuentes de luz artificial y potencia la captación de luz natural.

Los arquitectos también han diseñado parte de los muebles de la vivienda: las mesas, la cama y el mobiliario de la cocina. El sofá es de Antonio Citterio y los puntos de luz de Kreon.

This project, created by merging two flats separated by a bearing wall, is located on the 14ᵗʰ floor of the Mirabeau skyscraper.

The client is a businessman who spends part of the week in Montecarlo and usually dines out. The dwelling was therefore conceived as a suite with a terrace to enjoy delightful breakfasts and aperitifs at dusk.

The principal objective was to create a unique, continuous and fluid space in which to enjoy the magnificent views of the sea. To achieve this end, the loading wall that divides the apartment lengthwise was dematerialized by placing mirrors, glass shapes and stainless steel apertures that appear to pass from one side to another.

The bathroom, kitchen and cupboards were conceived as independent units installed as part of this unique space. The terrace, designed like the deck of a ship, is an integral part of the interior. It allows the interior to expand and flow outdoors. The daylight plays with the color of the glazed objects, intensifying and diversifying the effects of the lamps around the apartment.

The light glass boxes on the walls take on a whole host of tones as the colors filter through them. The partitions have wheels on the bottom and can be moved. The hinged panels were designed to be left open, thus offering different ways of dividing up the space and creating numerous perspectives.

The bathroom joins onto the bedroom. The shower is behind the bed and the glass screen makes it possible to shower looking at the sea. The shiny surfaces, transparent glass and mirrors form a mirage of reflections that both cancel out and intensify the artificial light sources, boosting the impact of the daylight.

The architects also designed part of the furniture in the apartment: the tables, bed and kitchen cabinets. The sofa is from Antonio Citterio and the light fixtures from Kreon.

Arquitectos, Architects:
    Claudio Lazzarini & Carl Pickering
Colaborador, Collaborator:
    Antonio Ferretti
Fotógrafo, Photographer:
    Matteo Piazza
Ubicación, Location:
    Montecarlo, Mónaco/*Monaco*
Fecha de construcción, Completion date:
    1998
Superficie, Floor space:
    125 m²

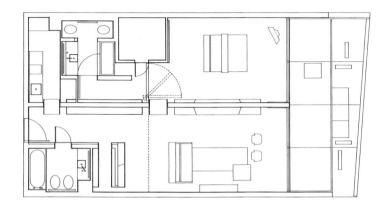

Planta Plan

0 5

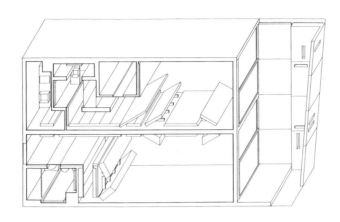

Perspectiva Perspective

Los módulos acristalados
disimulan la estructura portante.
The glass boxes hide the bearing structure.

Vista de la habitación y la terraza.
View through the bedroom to the terrace.

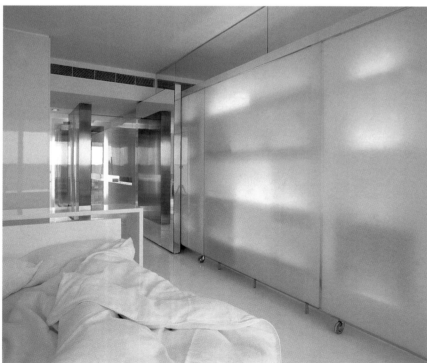

Casa Tipo/Variante

Arquitectos, Architects:
Vincent James & Paul Yaggie
Colaboradores, Collaborators:
Nancy Blanfard, Nathan Knuston,
Andrew Dull, Steve Lazen, Krista
Scheib, Julie Snow, Taavo Somer,
Kate Wyberg (equipo de diseño/*design
team*), Coen + Stumpf and Associates
(paisajismo/*landscaping*), Yerigan
Construction (contratista/*contractor*)
Fotógrafo, Photographer:
Don F. Wong
Ubicación, Location:
Norte de Wisconsin, EE.UU./*U.S.A.*
Fecha de construcción, Completion date:
1996
Superficie, Floor space:
700 m²

Los propietarios aportaron al proyecto un concepto que les fascinaba y que ellos definían con el término "tipo/variante". Como en una colección de mariposas ordenadas en una caja de cristal, las variaciones establecidas sobre una clara taxonomía hacen visibles y amplifican las particularidades. El juego entre similitudes y diferencias es fundamental de cara al impacto estético de una colección.

La casa Tipo/Variante es una colección de espacios que responde a los ritmos y a las pautas de la vida doméstica. Empleando exclusivamente volúmenes similares a cajas de madera, crea diferentes situaciones arquitectónicas contiguas. Cada una tiene su proporción, orientación e iluminación natural específicas. Pese a ser una composición estrictamente ortogonal, la articulación de los diferentes volúmenes produce un catálogo de panorámicas del entorno continuamente cambiantes. Paralelamente, los giros y los ángulos de las distintas piezas del edificio definen varios espacios exteriores semicerrados.

Geométricamente, la composición se construye a base de maclas entre paralelepípedos a diferentes alturas y con distintas orientaciones. Las salas más amplias y las terrazas corresponden a la parte central de cada cuerpo. En estos espacios se producen los encuentros entre los componentes de la familia. En las intersecciones entre las cajas, en cambio, los espacios tienden a ser más cerrados y reducidos, por lo que propician momentos más íntimos y solitarios.

Tanto las habitaciones como los patios están concebidos como espacios sencillos e inmediatos, de formas simples, que adquieren vida con el uso diario y con el ciclo de las estaciones.

Los materiales exteriores, principalmente chapa de cobre y piedra azulada, están colocados según tramas distintas que aportan una gran variedad de ritmos y de texturas a las fachadas. El revestimiento de cobre de las fachadas no se ha protegido de la meteorología y de la erosión con la intención de que envejezca de forma natural.

The clients based this project on a concept that fascinated them and that they defined with the term "Type/Variant." This idea could be explained as taking one "type" of object and forming a collection of similar types, all slightly different different from each other. A good example is a butterfly collection arranged in a glass box. The subtle differences between them create interesting relationships, and as a composite whole, they have strong aesthetic impact.

The architects incorporated the "Type/Variant" concept into the design of the home. In this case, the house is the composite of volumes which are variations on the theme of a box, each with its own proportions, orientation and source of natural light. When placed in an orthogonal composition, the wooden boxes create a house that responds to life´s rhythms and patterns, with splendid, constantly changing views of the surroundings. Similarly, the turns and angles of the building´s distinct pieces define various semi-closed exterior spaces.

Geometrically, the composition is based on macles between parallelpipeds with different heights and distinct orientations. Communal activities take place in the larger rooms and outdoor terraces located in the central part of each volume, while more private moments occur where the individual boxes meet, where the spaces are smaller and more closed.

The bedrooms, like the patios, are conveived as simple spaces that adquire life with daily use and the cycle of the seasons. The exterior materiales, especially the copper panels and bluish stone are hung up in different weaves to give the façades rhythm and texture. The copper covering will not protect the faces from weather and erosion. In fact, a key design element is that the house will evolve over time.

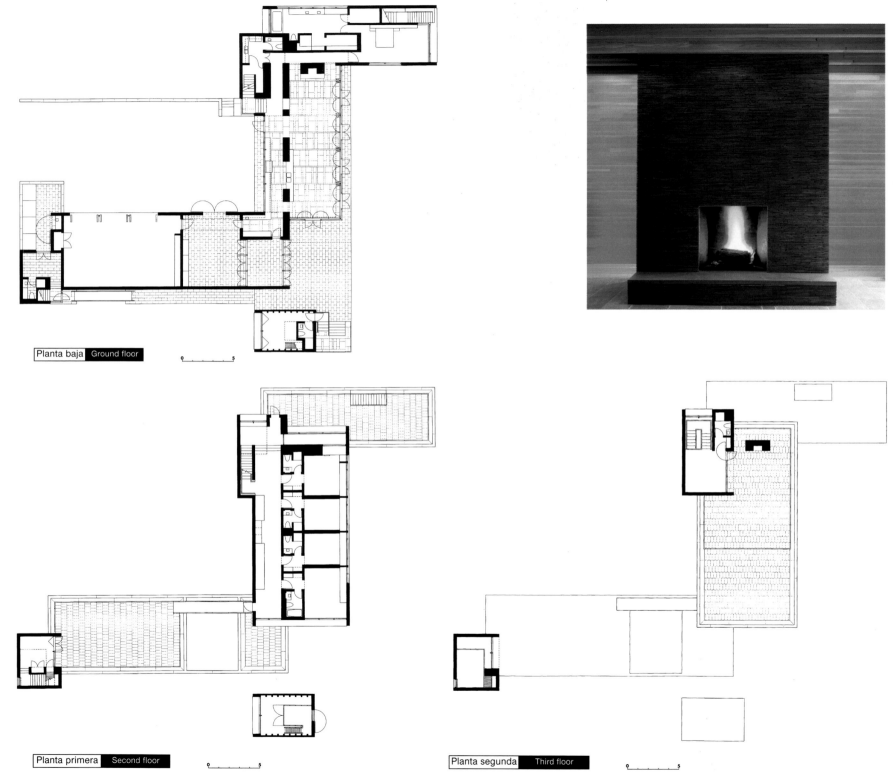

Planta baja Ground floor

Planta primera Second floor

Planta segunda Third floor

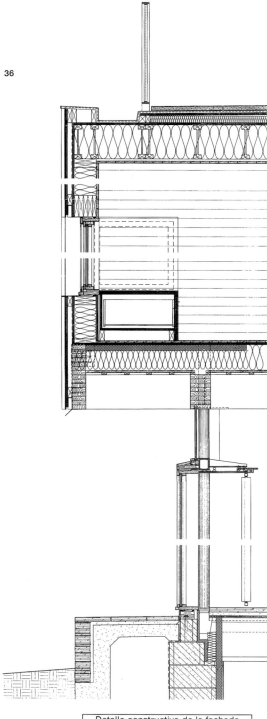

Detalle constructivo de la fachada
Detailed section of the façade

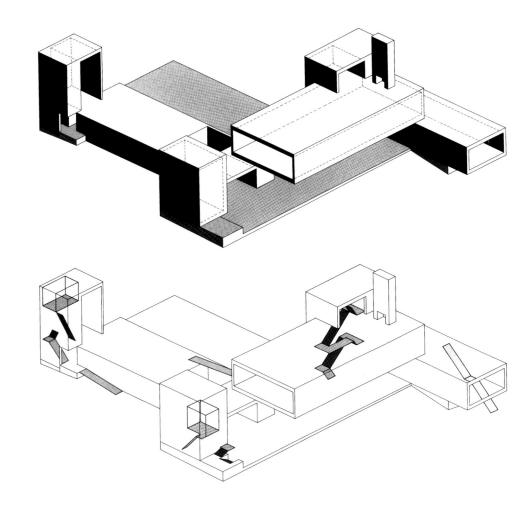

Detalles constructivos de la chimenea
Details of the chimney

0   5

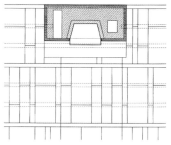

Sección   Section   Alzado   Elevation   Planta   Plan

Vista del pasillo hacia el bosque.

View from the corridor to the forest.

Casa M

Arquitectos, Architects:
    Kazuyo Sejima y Ryue Nishizawa
Fotógrafo, Photographer:
    Shinkenchiku-Sha
Ubicación, Location:
    Tokio, Japón/Japan
Fecha de construcción, Completion date:
    1997
Superficie, Floor space:
    200 m²

La Casa M es un buen reflejo de la flexibilidad y pericia que habitualmente despliega en sus proyectos esta oficina, al frente de la cual está la japonesa Kazuyo Sejima. Originalidad y frescura en sus planteamientos son otros de los rasgos a destacar en esta vivienda en el centro de Tokio.

El solar limita por su lado sur con una calle y por el resto con construcciones vecinas. Abrir las viviendas a esta vía ha provocado que muchas tengan que levantar muros y correr cortinas para recuperar su privacidad. Esta paradoja -abrirse para después tenerse que cerrar-, observada por el equipo de arquitectos de la Casa M, ha hecho que la relación con el entorno y la consecución de privacidad sean elementos fundamentales del proyecto.

La excavación del solar y la aparición de un patio que ilumina y ventila la planta enterrada, relacionándola a su vez con la superior, con la calle y con el cielo, son dos de los mecanismos que resuelven la vivienda. La planta al nivel de la calle funciona dividida transversalmente, ya sea por pasillos y escaleras, ya sea por el patio. Alberga usos que precisan de independencia, como el garaje, la habitación doble o la habitación de invitados. La planta inferior, de imagen más unitaria, es un espacio organizado alrededor del patio y caracterizado por la libertad de movimientos entre sus partes. Cocina, comedor y estudio son algunos de los usos que conviven en este nivel.

El programa de esta residencia tiene la virtud de estar hecho a medida de los propietarios, un matrimonio en que ambos trabajan. Dos estudios, varios baños y un par de plazas de aparcamiento permiten a los individuos que habitan la casa mantener cierta privacidad e independencia entre ellos.

La sensibilidad y astucia derrochadas en el planteamiento de la Casa M son dignas de elogio. El resultado, contundente y de gran belleza, confirma a Kazuyo Sejima y Ryue Nishizawa como parte de esa oleada de arquitectos japoneses que intentan librarse de prejuicios heredados para encontrar nuevas respuestas a los conflictos de la sociedad contemporánea.

The M House is a fine example of the flexibility and expertise that characterize the projects by this studio, headed by the Japanese architect Kazuyo Sejima. Originality and freshness are two further qualities that typify this dwelling.

The house is located in a high-class residential quarter of downtown Tokyo.

The site is bordered to the south by the street and on the other three sides by adjacent buildings. The owners of many of the houses overlooking the street have had to build walls and draw curtains in order to obtain privacy. Given this paradox — having to close what was originally intended to be open —, the designers of the M House decided that two fundamental aspects of the project would be harmony with the surroundings and the guarantee of privacy.

The mechanism applied to meet these criteria is a sunken patio that illuminates and ventilates the floor below ground, while relating it to the floor above, the street and the sky. The street-level floor is divided crosswise by corridors, stairs and the patio. It contains those parts of the house whose function requires independence, such as the garage, the double bedroom, and the guest room. The floor below, a more unitary space, is arranged around the patio and characterized by ease of movement from one part to another. The kitchen, dining room and studio are also located on this floor.

The M House has been designed with an admirable combination of sensitivity and intelligence. The result, a home of truly impressive beauty, confirms the fact that Kazuyo Sejima and Ryue Nishizawa belong to the host of Japanese architects who strive to shake off inherited prejudices in order to find solutions to the conflicts of contemporary society.

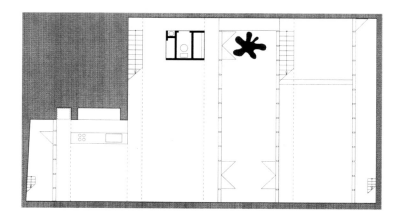

Planta baja Ground floor

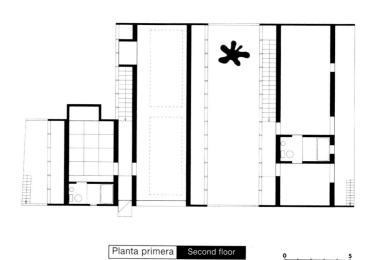

Planta primera Second floor

0 _____ 5

Vista de la biblioteca adyacente al patio.

View of the library next to the courtyard.

Casa B

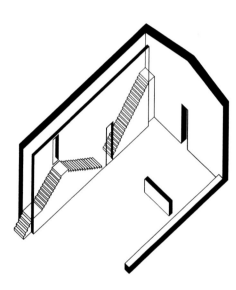

Arquitectos, Architects:
    Claudio Silvestrin Architects
Colaboradores, Collaborators:
    B. Legal, J.P. Berezinski
Fotógrafo, Photographer:
    Claudio Silvestrin Architects
Ubicación, Location:
    Provenza, Francia/France
Fecha de construcción, Completion date:
    1992
Superficie, Floor space:
    800 m²

Este proyecto es la remodelación de una granja de 800 m² ubicada en las afueras de un pequeño pueblo a medio camino entre Niza y Aix en Provence. En el siglo XVII el edificio era un lugar de descanso para monjes y peregrinos que se dirigían hacia Avignon por la antigua carretera romana.

El edificio contenía dos plantas y estaba partido longitudinalmente por un muro de carga. Alrededor de estos elementos originales se diseñó la nueva vivienda, extremadamente serena y austera, sin decoración ni ornamentos superficiales pero llena de vitalidad espiritual.

El material predominante es la piedra de la que están hechos la mayoría de elementos del mobiliario y el suelo de toda la casa. Todas las paredes están enyesadas y pintadas de blanco. Existen dos entradas en la fachada principal de piedra y cada conjunto de puertas comunica con estancias diferentes.

Las pesadas puertas del granero se abren hacia adentro y desvelan un enorme espacio que alberga la sala de estar y una zona de recepción. Un banco de 12 m. ubicado en un extremo enfatiza la longitud de la sala. Encima de éste se observan unos ventanales curvos insertados en la pared maciza a nivel del ojo.

La escalera se concibió como otra gran partición compacta. Este pasillo ascendente y descendente recorre la longitud entera de la casa y lleva a todas las áreas: primero, hacia la zona de invitados, después hacia el salón y finalmente hacia la habitación principal. La colocación de la escalera entre los dos muros compactos dota a este espacio tan sencillo de la grandiosidad de las catedrales.

En la estancia principal todo está esculpido también en piedra: los dos lavabos tallados en el muro, la ducha que se erige como un monolito y la bañera oval que despliega todos los encantos de la sensualidad perceptiva de la piedra.

This project entailed remodeling a farm of 800 square meters located on the edge of a small village halfway between Nice and Aix-en-Provence. In the 18th century, the building was a resting place for monks and pilgrims headed towards Avignon along the ancient Roman road.

The building had two floors and was divided lengthwise by a load wall. These original elements were incorporated into the new dwelling, which is tranquil and austere, with no decoration or superficial ornaments. Nonetheless, it is full of spiritual vitality.

The principal material is stone, used for most of the furniture and the floor of the entire house. All the walls have been plastered and painted white. In the stone façade, there are two entrances, each leading to a separate room.

The solid granary doors open inwards to reveal an enormous space that houses the living room and a reception hall. A 12-meter bench placed against one wall emphasizes the room´s length. Above the bench, large curved windows are inserted into the section wall at eye level.

The staircase was envisioned as another clever, compact partition. Like a corridor, it goes up and down along the entire length of the house, leading to every area. First, it takes you to the guest zone, then to the living room, and finally to the main bedroom. Placing the staircase between the two compact walls has successfully endowed a simple space with cathedral-like magnificence.

In the main bathroom, everything is sculpted instone: the two toilets are carved in the wall, the shower seems monolithic and the oval bathtub displays the stone´s sensual charm.

48

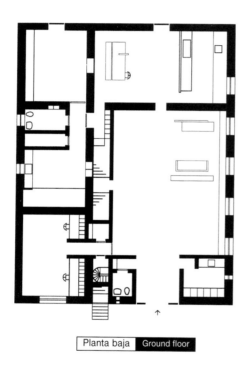

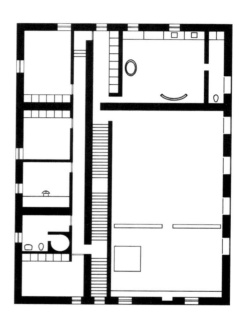

| Planta baja | Ground floor |

| Planta primera | Second floor |

0   5

Casa en Dazaifu

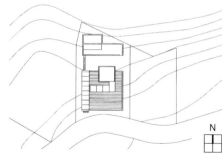

N

Arquitecto, Architect:
   Hiroyuki Arima
Fotógrafo, Photographer:
   Koji Okamoto
Ubicación, Location:
   Dazaifu, Japón/*Japan*
Fecha de construcción, Completion date:
   1995

La arquitectura japonesa plasma la dicotomía de un entorno cultural muy particular: el futurismo -estético y funcional- está profundamente influenciado por una tradición ancestral que dota los proyectos de una sensibilidad exquisita que no se encuentra en la arquitectura occidental. Las edificaciones más radicalmente vanguardistas se perciben como avances de futuro pero no pierden conciencia de pertenecer a una cultura milenaria. Los espacios creados son depurados, minimalistas, fríos, pero no carecen de cuidado en la implantación ni de detalles en el tratamiento de los materiales.

Inmerso en este particular entorno, Hiroyuki Arima propone una vivienda que disfrute al máximo del paisaje y de la luz, aunque sea en detrimento de la funcionalidad de la casa. Es un planteamiento extremo que busca una conexión total entre interior y exterior, una relación visual pero también real. La incorporación de la naturaleza dentro de la casa se consigue mediante la apropiación de sus características: vegetación en el interior, ventilación natural...

El valor del espacio reside en los mecanismos de inclusión de la naturaleza más que en la funcionalidad y la eficacia de la residencia. Con estas prioridades, Arima se desmarca de las tendencias residenciales japonesas de fin de siglo, que buscan el máximo rendimiento de las superficies construidas. El objetivo del proyecto no tiene que ver con la economía o la rentabilidad, sino con la percepción de espacios pensados esencialmente para ser disfrutados por los sentidos.

La casa se distribuye en dos bloques situados en un desnivel cuyos extremos distan verticalmente 10 metros.

Aparte de un cuidado exquisito en los detalles constructivos (carpinterías depuradas, entradas de luz en puntos estratégicos, escaleras escultóricas...), el proyecto goza de unos acabados casi sensuales que completan una vivienda pensada para la diversidad perceptiva y para el disfrute de la naturaleza en todo su esplendor.

Japanese architecture is the visual expression of the dichotomy inherent in a unique cultural environment. Futurism, both aesthetic and functional, is deeply influenced by an ancestral tradition that endows projects with an exquisite sensitivity absent from Western architecture. The most radically avant-garde buildings anticipate the future while remaining faithful to a millennial culture. Although the created spaces are bare, minimalist and cold, they are carefully conceived and use specially-treated materials.

A product of this cultural environment, Hiroyuki Arima proposes a dwelling that enjoys landscape and light to the fullest, though in detriment to the functional aspects of the house. It is a radical project that seeks total links between the interior and exterior, a relationship both visual and real. Nature is incorporated into the house through the introduction of its characteristics: interior vegetation, natural ventilation, and so on.

The value of the house stems from the mechanisms that include Nature rather than aspects of functionalism or efficiency. Loyal to this priority, Arima stands apart from end-of-the-century Japanese housing trends, which give importance to obtaining maximum profitability from built surfaces. This project´s objective has nothing to do with either economy or profitability. The goal is the perception of spaces especially designed to delight the senses.

The house is divided into two blocks on a slope whose extremes are 10 meters apart.

Apart from the meticulous care applied to constructional details (polished woodwork, the entry of light at strategic points, sculptural staircases...), the project features sensual finishes that complete a home designed so that the occupants can enjoy a wide variety of views and nature in all its splendour.

52

Planta primera   Second floor

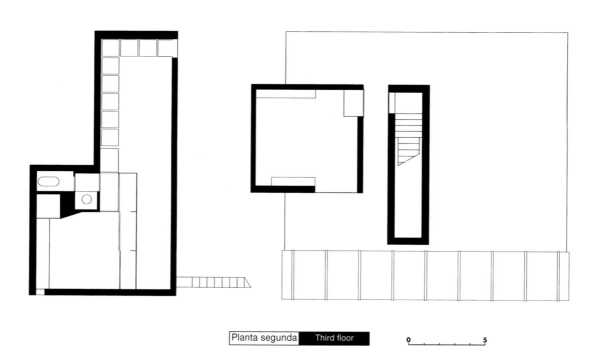

Planta segunda   Third floor

0   5

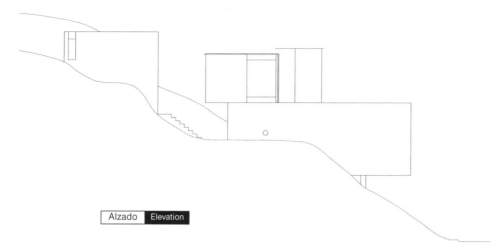

Alzado | Elevation

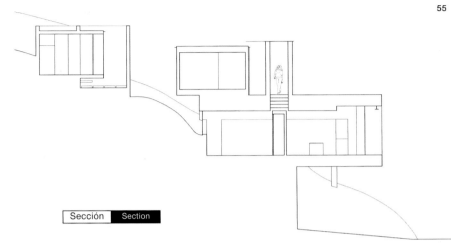

Sección Section

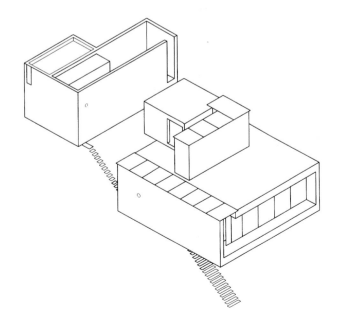

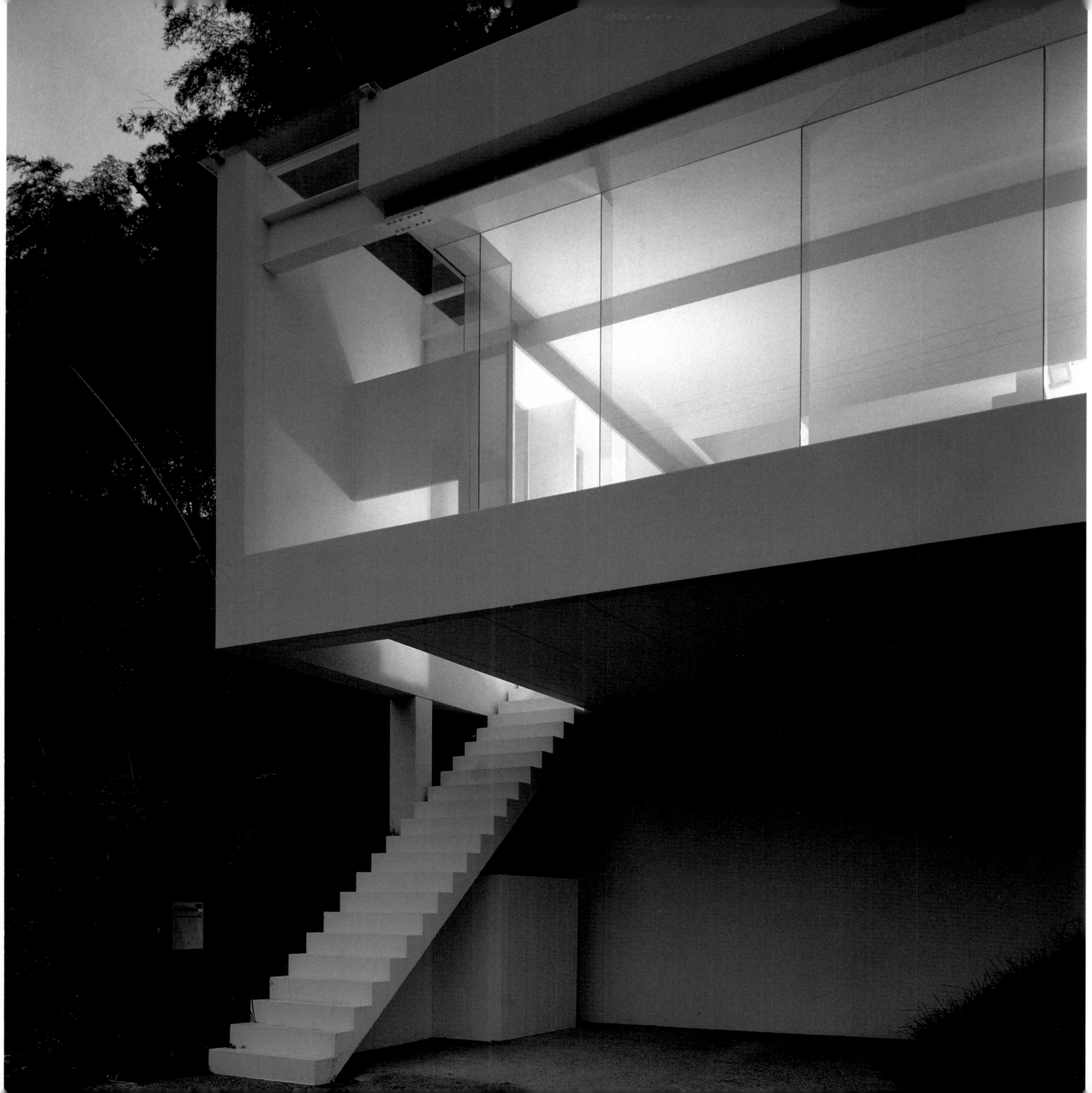

Apartamento minimalista

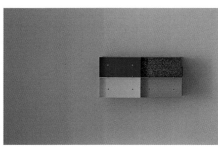

Arquitecto, Architect:
  John Pawson
Fotógrafo, Photographer:
  Richard Glover
Ubicación, Location:
  Londres, Reino Unido/*United Kingdom*
Fecha de construcción, Completion date:
  1992

El término "Minimalismo" es muy amplio y en esta última década se ha abusado de él, atribuyéndolo a arquitecturas vacías, inacabadas, débiles. Semánticamente puede admitir variaciones pero abarca una serie de requisitos que lo diferencian de otras tendencias: minimalización de recursos formales, utilización de métodos de composición matemáticos -como la seriación o la repetición- y sobre todo la voluntad de crear una obra -cuyo sentido no provenga de un discurso asociado-, una creación cuyo sentido radica en su contundente simplicidad.

Evidentemente, hay diferentes tipos de minimalismo. Por una parte, algunos arquitectos mediterráneos han ido depurando la herencia del Movimiento Moderno y la tradición vernácula. Por otro lado, está la austeridad conferida por el calvinismo a la arquitectura centroeuropea. Asimismo, la arquitectura japonesa contemporánea reinterpreta el espiritualismo. Este último contexto influenció a John Pawson durante su estancia en Oriente.

Este arquitecto británico demuestra que pocos gestos pueden producir diseños de calidad, irrebatibles y poderosos, que no necesitan ornamentos o accesorios para cobrar sentido. Es una estrategia simple en cuanto a su descripción pero que requiere un gran esfuerzo reduccionista.

El proyecto consta de una sucesión de paredes monumentales que distribuyen el apartamento a fin de delimitar las estancias privadas, de menores dimensiones. La textura sobria de los muros junto con las tonalidades óseas conforman un acabado solemne pero cálido. La iluminación rasante baña las particiones verticales. Los puntos de luz están disimulados para evitar el contacto visual directo con las luminarias.

El programa funcional incluía una zona más privada para la vivienda y otra amplia y de planta libre para exponer obras de arte. La galería, la biblioteca y las áreas de estar se ubican en la parte delantera del piso. El comedor y la cocina se sitúan detrás, relacionados por una pared de 30 m. de longitud.

"Minimalism" is a very broad term and over the past ten years, it has been abused and applied to empty unfinished, weak architecture. While its meaning may permit variations, it is defined by a series of prerequisites that distinguish it from other trends: minimalization of formal resources, the use of mathematical methods of composition -such as serialization or repetition- and, above all, the will to create a particular work whose meaning is not related to an associated discourse, a creation whose meaning lies in its striking simplicity.

Of course, there are different types of minimalism. On one hand, some Mediterranean architects have been refining the legacy of the Modern Movement and the vernacular tradition. On the other hand, the austerity of Central European architecture stems from Calvinism, while contemporary Japanese architecture attempts to reinterpret spiritualism. The Japanese concept influenced John Pawson during his sojourns in the East.

The British architect shows that only a few gestures can produce powerful, quality designs that need no ornamentation to acquire meaning. Although this is a simple strategy in terms of description, it requires substantial reductionist effort.

The project consists of a succession of monumental walls that articulate the apartment in order to delimit the smaller private rooms. The sober texture of the walls and bone-colored tones establish a solemn, though warm, finish. The horizontal light bathes the vertical partitions, and the light fixtures are disguised to avoid direct visual contact.

The functional program included a more private area for the living area and a large, open space in which to exhibit works of art. The gallery, library and living areas are located in the front of the apartment.

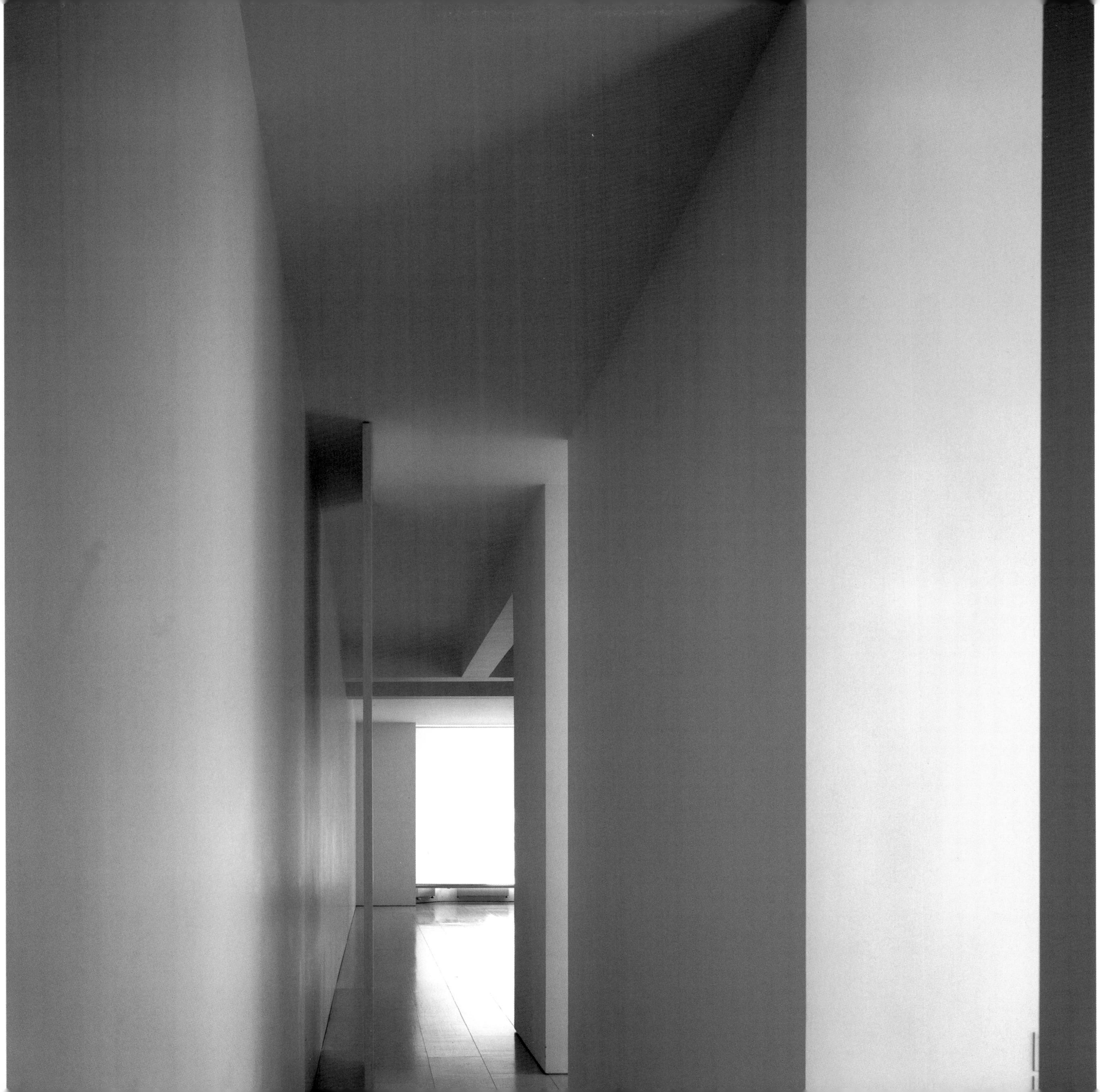

Casa Hakuei

Arquitecto, Architect:
   Akira Sakamoto
Fotógrafo, Photographer:
   Nácasa and Partners
Ubicación, Location:
   Osaka, Japón/Japan
Fecha de construcción, Completion date:
   1996

El solar está flanqueado por dos calles, una de las cuales forma intersección con una tercera. Estas características del lugar fueron tomadas en cuenta al diseñar la casa. A través del solar se produce un fluir de la vista desde una calle a la otra en sentido este-oeste. La mirada del paseante puede atravesar el edificio libremente desde la intersección de calles hacia un pequeño bosque al otro lado. De este modo, el volumen de la casa se hace liviano y permeable a la mirada.

El concepto básico de diseño fue representar el exterior en el interior y el interior en el exterior, y crear así un espacio continuo entre estos dos ámbitos.

Un muro guía la mirada desde una calle a la otra mientras la casa se descompone en tres cajas blancas enfrentadas, dos de ellas macladas. El espacio se va articulando a través de muros discontinuos cuyas aberturas producen una sensación de fluidez y continuidad. Las personas miran y se hablan a través del patio y de las terrazas. El movimiento de los habitantes de la casa se adivina tras los muros y se crean así vínculos entre los recintos y los espacios interiores y exteriores. Cada habitación es diferente en su forma de entrar, en sus relaciones visuales y en su iluminación, que puede conseguirse a través de lucernarios, de ventanas corridas o de rendijas estrechas en las esquinas.

La casa fue diseñada sobre la base de estrategias del Minimal Art: el tratamiento dramático y protagonista de la luz, los materiales nobles, las formas simples y la posición de unos elementos con respecto a otros.

Los acabados de los muros que conforman el patio son los mismos que se aplica a los interiores. Esto refuerza la idea de relación y continuidad entre interior y exterior. El árbol es el único elemento existente en el patio y representa una síntesis de los ciclos de la naturaleza, de los seres vivos y del tiempo.

Esta arquitectura propicia el silencio y la reflexión, y dirige el pensamiento y la mirada hacia cosas mínimas que en otros lugares desaparecerían bajo el ruido.

When designing this house, the architect took into account the characteristics of the site. The lot is flanked by two streets, one of which forms an intersection with a third. Across the site, views flow east-west from one street to the other. From the intersection, passers-by can look freely through the building towards the small forest on the other side. As a result, the volume of the house is light and visually permeable.

The basic design concept was to incorporate the exterior in the interior and the interior in the exterior, thereby creating a continuous space between the two environments.

Discontinuous walls articulate the space, and the various openings cut in the walls give a sensation of fluidity and continuity. People look at one another and talk across the patio and the deck. One can even glimpse the movements of the house´s occupants behind the walls, establishing more links between the interior and exterior spaces. Each room is unique in terms of its entrance, visual relationships, and lighting, whether through a skylight, horizontal windows or narrow slits in the corners.

The house´s design was based of the precepts of Minimal Art: the dramatic treatment and protagonism of light, the noble materials, the simple forms and the position of elements in relation to others.

The walls of the patio and the interior share the same finish, again reinforcing the relation between interior and exterior. A tree is the patio´s only element. It represents a synthesis of natural cycles, human beings and time.

This architecture calls for silence and reflection. It directs attention and the eye towards minimal things that in any other place would be smothered by noise.

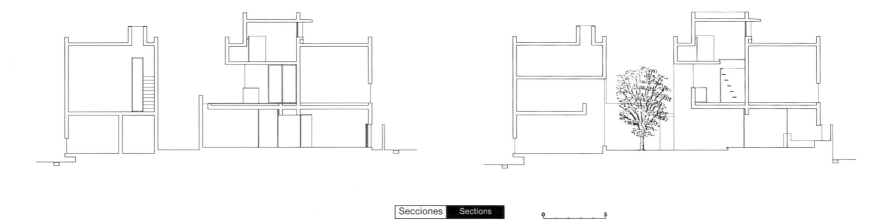

Secciones Sections

0   5

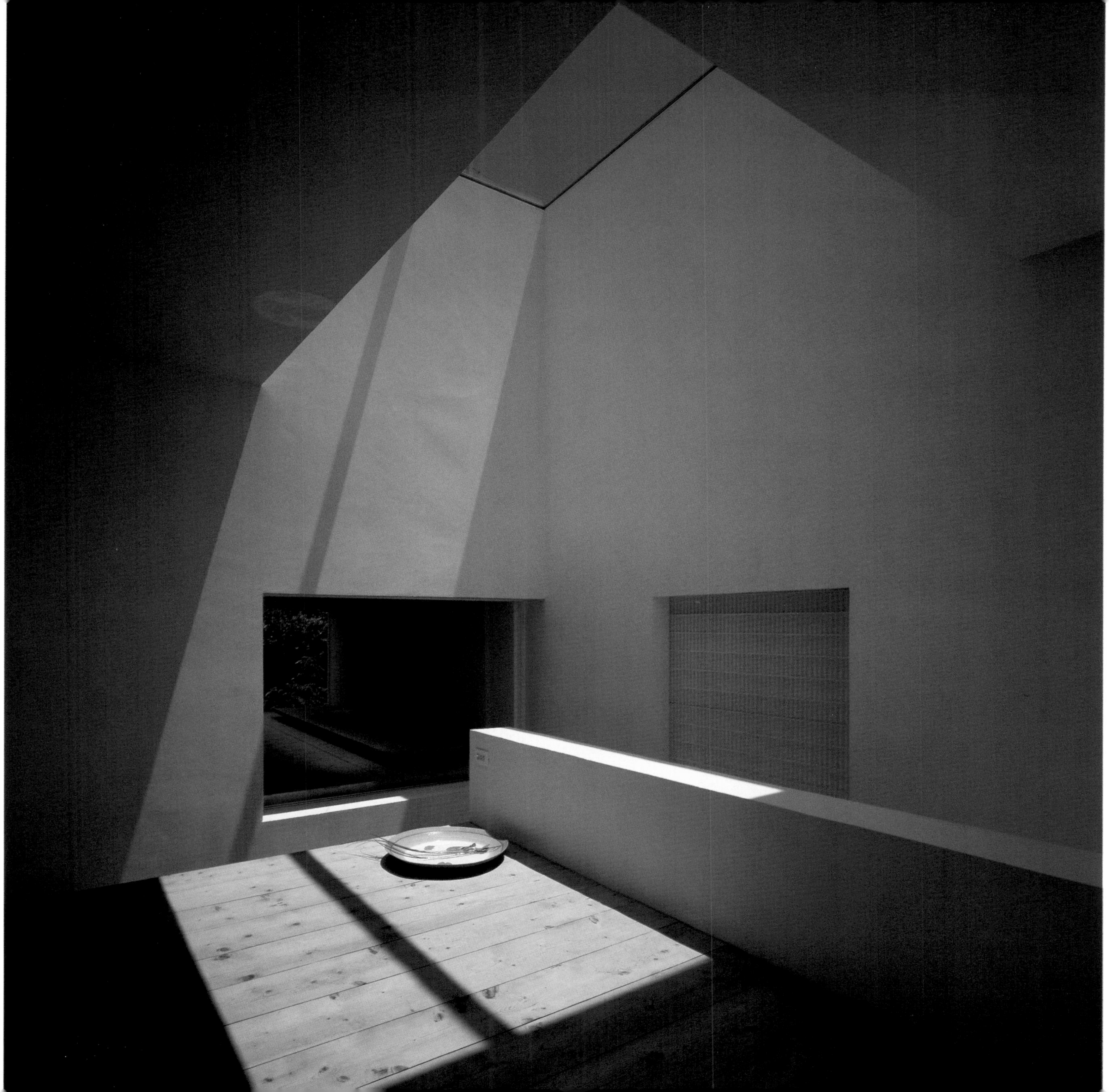

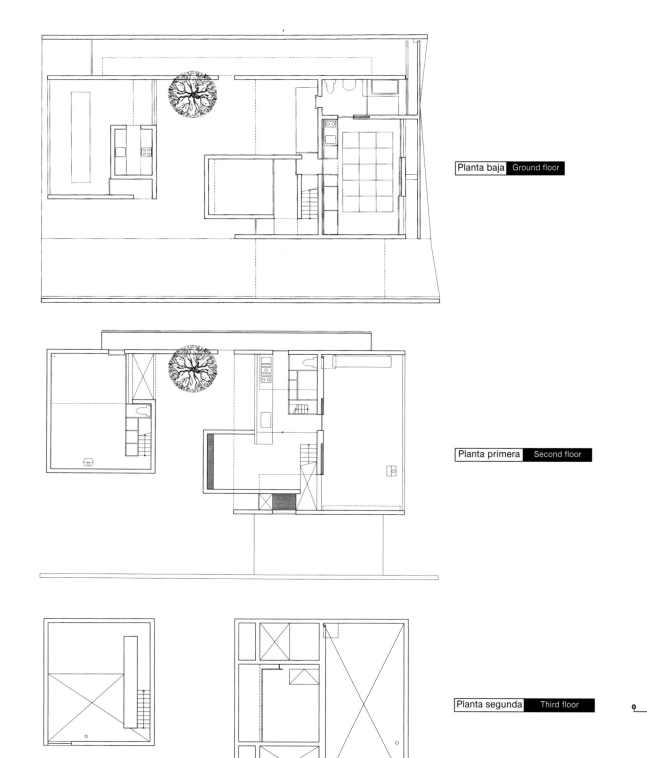

Planta baja Ground floor

Planta primera Second floor

Planta segunda Third floor

0   5

La cocina incluye una terraza exterior como corredor de verano.

The kitchen includes a terrace to use as a summer dining room.

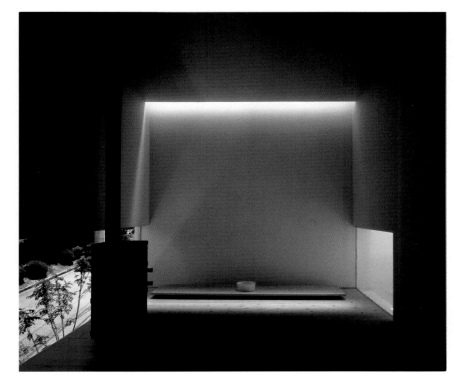

Casa Mirador

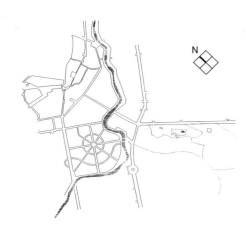

En las distintas disciplinas minimalistas (pintura, escultura, arquitectura, literatura, etc.) se intenta ser altamente expresivo con el mínimo de gestos. Así, los trazos son siempre pocos pero contundentes y acostumbran a caracterizar la obra. En algunos casos esta minimalización de ideas se lleva al extremo y se llega a omitir un aspecto formal para enfatizar otros o para agudizar su ausencia. Esta casa de Aranda, Pigem y Vilalta es un buen ejemplo de estos preceptos ya que evita elementos superficiales que no aporten calidad y especificidad a los espacios ya que podrían enturbiar la percepción de éstos.

La increíble belleza del paisaje requería un proyecto que tuviese como principal objetivo gozar de las magníficas vistas de la campiña gerundense. Situado en lo alto de una suave pendiente, aparece como un mirador flotante. Siguiendo las pautas edificatorias de un pabellón, el forjado y la cubierta delimitan los cerramientos acristalados de la construcción. La unión con el terreno se efectúa mediante un zócalo de vidrio que enfatiza la sensación de ligereza y proporciona luz a la planta semi-sótano.

La entrada a la vivienda se efectúa por el vacío que hay entre los dos volúmenes que componen la casa. Uno acoge las zonas de servicio y el otro está dedicado a las habitaciones y salas de estar. Las dobles alturas y demás huecos relacionan los diferentes ambientes del proyecto, permitiendo fluidez entre espacios.

En la arquitectura minimalista los detalles constructivos carecen de protagonismo; son la herramienta para conseguir expresar la materialidad y las texturas de las edificaciones. Este proyecto, combinación de impecables superficies pétreas y de fachadas transparentes, destaca por los juegos de luz y vistas en su interior. Sin embargo, estas sutilezas perceptivas no serían posibles sin una perfección constructiva que permite prestar atención a los elementos más abstractos e inmateriales de la casa.

Arquitectos, Architects:
    Aranda, Pigem y Vilalta
Colaboradores, Collaborators:
    A.Saez, M.Tàpies, R. Brufau, J.Marguí
Fotógrafo, Photographer:
    Eugeni Pons
Ubicación, Location:
    Olot, España/Spain
Fecha de construcción, Completion date:
    1999

In the different minimalist disciplines - painting, sculpture, architecture and literature - the aim is to be highly expressive with minimal gestures. Consequently, there are always few lines, but these few are forceful and usually give the work its personality. In some cases the minimalization of ideas is taken to the limit and a fundamental aspect is omitted to emphasize other issues, bringing the absent element into focus. This house designed by Aranda, Pigem and Vilalta is a fine example of these principles. So as not to obstruct the views, the architects have rejected all superficial elements that do not add quality or anything specific to the spaces.

The stunning beauty of the landscape called for a project that focused attention on the magnificent sight of the Girona countryside. The house is at the top of a gentle slope and looks like a floating lookout post. Imitating the construction style of a pavilion, the glass and steelwork combine to round off the effect produced by the large glass panes. A glass base joins the house to the ground, reinforcing the floating sensation and allowing light to pass into the semi-basement.

The house's entrance is situated in the open space that lies between the two volumes composing the residence. One volume contains the service area, and the other, the bedrooms and living rooms. The different ceiling heights and the open spaces connect the project's distinct ambiences, and permit the rooms to flow together.

In minimalist architecture, the building details play a very low-key role. They are merely tools to give expression to the materials and textures. This project, which blends impeccable stone surfaces and glass façades, is in a class of its own in terms of views and the way light floods the interior. However, what makes these subtle perceptions possible is the perfect construction that focuses complete attention on the abstract, immaterial elements of the house.

74

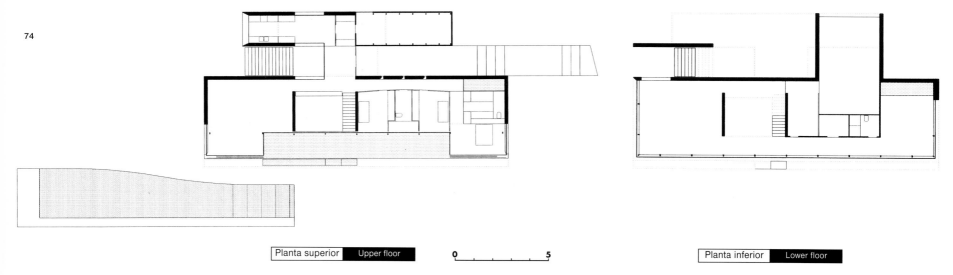

Planta superior | Upper floor   0 —————— 5   Planta inferior | Lower floor

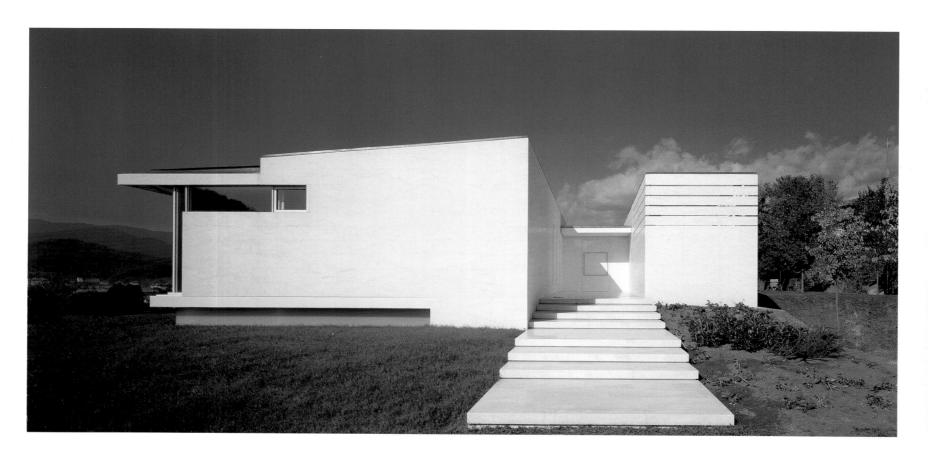

Alzados Elevations

0 — 5

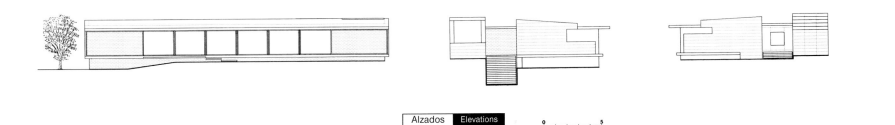

Alzados | Elevations

0 | | | | | 5

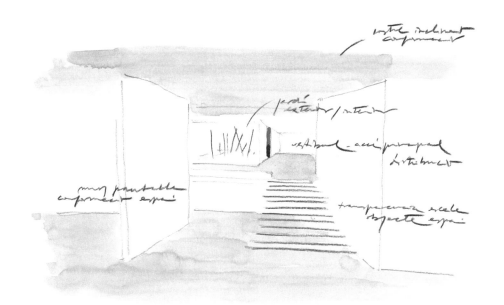

offices and public buildings oficinas y edificios públicos

Oficinas y Edificios Públicos
Offices and Public Buildings

Oficinas Graf

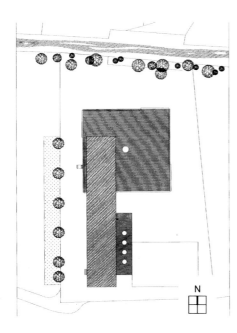

Arquitectos, Architects:
    Baumschlager & Eberle
Colaboradores, Collaborators:
    Reinhard Drexel, Ernst Mader
Fotógrafo, Photographer:
    Eduard Hueber
Ubicación, Location:
    Dornbirn, Austria/*Austria*
Fecha de construcción, Completion date:
    1995
Superficie, Floor space:
    1300 m²

El edificio original de la compañía eléctrica Graf tenía que ampliarse mediante dos módulos adicionales independientes que formaran un conjunto corporativo compacto. El deseo de los clientes era que el edificio tuviera un fuerte impacto visual en el entorno. Por una parte, las nuevas construcciones tenían que reconocerse a simple vista, pero por otra, la agrupación debía demostrar una perfecta unidad.

Las condiciones eran difíciles y delicadas: el edificio de oficinas existente no se caracterizaba por su atractivo y además las condiciones geológicas del suelo eran poco ventajosas: el nivel freático del agua era muy alto y existían innumerables capas de grava que podían llegar a 300 m. de profundidad, hecho que dificultaba enormemente el diseño de los cimientos estructurales.

Por razones de tráfico y comunicación, los recintos adicionales de producción y almacenamiento se ubicaron en un cuadrado en planta baja conectado con la construcción original. Este módulo se acopló al existente mediante un puente, un volumen representativo que une ambas partes y alberga la zona administrativa de la empresa.

Los cerramientos de la construcción previa se enmascararon con lamas de madera por razones compositivas y estéticas. El nuevo edificio puente se concibió en vidrio y hormigón coloreado, mostrándose como una enorme viga para salvar las grandes luces dictadas desde el nivel inferior. A causa de las condiciones geológicas no se permitía cargar peso sobre los edificios originales pero sí se construyeron cimientos adyacentes.

El naranja chillón con el que se coloreó el hormigón distingue las oficinas desde lejos y así particulariza, casi publicita la compañía eléctrica. La naturaleza de la viga permitió que los ventanales fueran abundantes y que tanto su altura como su ancho fueran máximos. En el interior se dejó al descubierto la estructura reforzada de hormigón pintada de blanco para enfatizar perceptivamente las funciones de la viga.

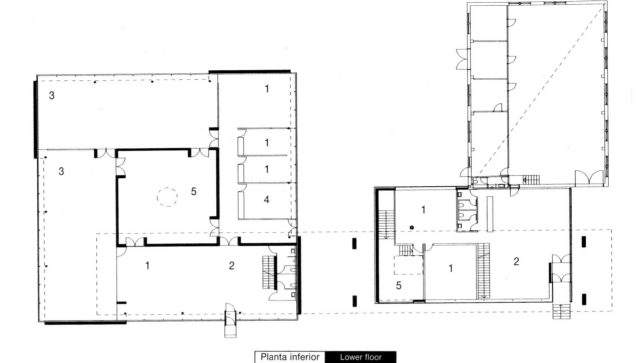

1. Despacho
2. Recibidor
3. Taller
4. Sala de reunión
5. Almacén

1. Office
2. Reception
3. Workshop
4. Boardroom
5. Storage

Planta inferior   Lower floor

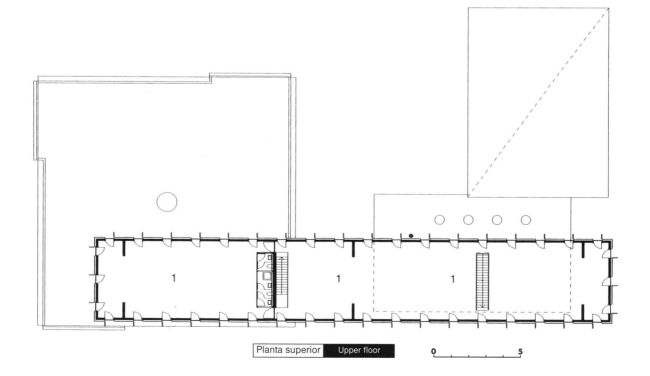

Planta superior   Upper floor

0   5

Pabellón de Baño

El concepto de pabellón es recurrente en la terminología arquitectónica, pero raramente materializado por los arquitectos. Es uno de los géneros más complicados porque su éxito depende de la transparencia. A menudo los diseñadores sucumben a la idea sentimental del pabellón y aplican sus preceptos a distintas obras. Son construcciones aisladas, temporales y permeables a las percepciones y a los recorridos. Mies Van der Rohe y Phillip Johnson han creado magníficos ejemplos.

Las exigencias funcionales de este proyecto permitieron a Aranda, Pigem y Vilalta diseñar con cierta libertad un hito que señala el punto central de un parque en la provincia de Girona. Entienden la naturaleza como la combinación del paisaje y del entorno construido por el hombre. De este modo, la pequeña edificación puede concebirse como una escultura, como una obra de *Land Art* en un paraje excepcional.

El volumen está ubicado en lo alto de una suave pendiente. Se posa liviano sobre el terreno como si estuviese flotando sobre él. La pequeña diferencia de altura entre la plataforma del pabellón y la ladera de la montaña permite el drenaje del terreno y brinda la posibilidad de sentarse a descansar con magníficas vistas al río adyacente.

La construcción se apropia del espacio exterior delantero gracias a una ligera curvatura. Además, permite variar las perspectivas del paisaje enmarcadas por los huecos existentes entre volúmenes. Estos vacíos proporcionan y reflejan -gracias a un pavimento liso y brillante- espléndidas vistas del lugar.

Con el Pabellón de Baño, estos arquitectos afincados en Olot han podido explorar la construcción a escala reducida, a escala humana. Y para adaptarse a tales medidas intentan desmaterializar los elementos constructivos. Un buen ejemplo de esta estrategia es la reducción del grosor de la cubierta que acaba alcanzando su mínima expresión en los aleros.

Though the pavilion is a recurring concept in architectural terminology, architects rarely construct them. Pavilions are one of the most complicated building types because their success depends on their transparency. Designers often succumb to the sentimental idea of a pavilion and apply their precepts to different works. The resulting constructions are isolated, impermanent and permeable, meaning they should not interrupt the view and must encourage people to wander through them. Mies Van der Rohe and Phillip Johnson have created magnificent examples.

The functional requirements of this project granted Aranda, Pigem and Vilalta a degree of liberty when designing this landmark in the middle of a park in the province of Girona. They aimed to show nature as the combination of the landscape and the constructions added by Man. The result is a small building conceived as a sculpture, a work of "Land Art" in an exceptional setting.

The pavilion is located at the top of a gentle slope, lightly poised on the ground as if it were floating on top of it. The slight height difference between the platform of the pavilion and the hillside helps drain the soil and makes it possible to sit on the edge and enjoy the fine views of the nearby river.

The subtle curve of the front of the pavilion incorporates the land into the project. Moreover, the curve and the columns frame various perspectives of the landscape. These spaces offer splendid views enhanced by the reflections and luminosity of the shiny, smooth pavement.

With the Bathing Pavilion, the architects had the opportunity to experiment building on a small, human-sized scale. To adapt the project to these measurements, they made the constructional elements as unobtrusive as possible. A clear example of this technique is the thinness of the roof, especially the eaves.

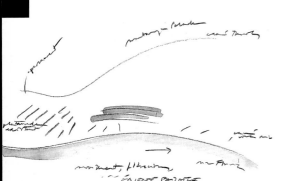

Arquitectos, Architects:
Aranda, Pigem y Vilalta
Colaboradores, Collaborators:
A, Saez, A. Blazquez, Ll. Guanter,
M. Subiràs
Fotógrafo, Photographer:
Eugeni Pons
Ubicación, Location:
Olot, España/*Spain*
Fecha de construcción, Completion date:
1998

92

Vista del pabellón en su magnífico entorno.
View of the pavilion in the beautiful
surrounding landscape.

Detalle de los baños que alberga el pabellón.
Detail of the bathrooms housed in the pavilion.

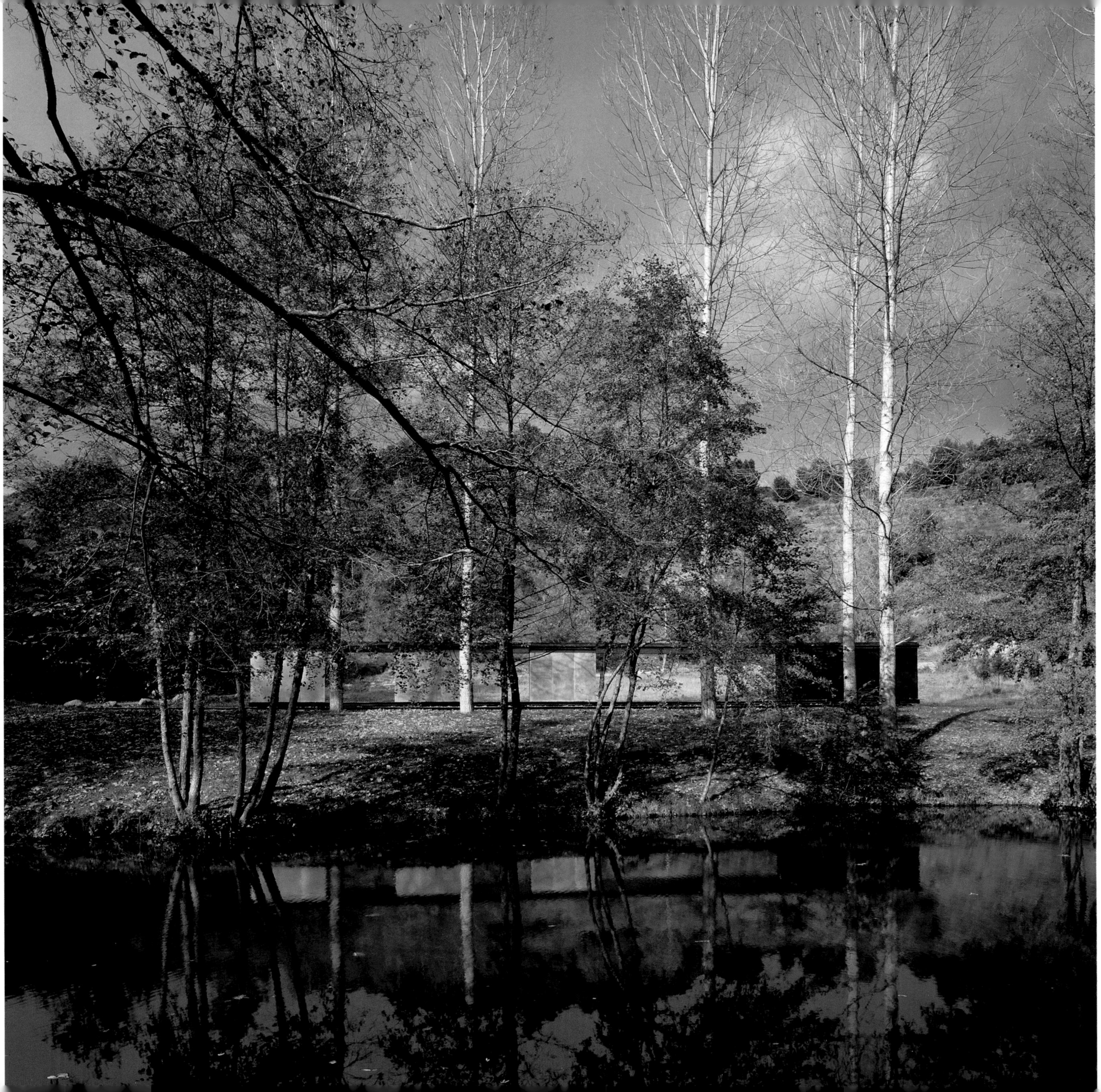

Centro Cívico en Ridaura

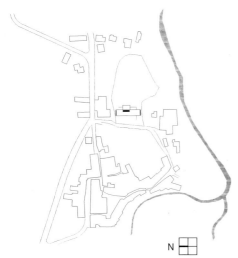

N

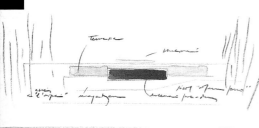

Arquitectos, Architects:
Aranda, Pigem y Vilalta
Colaboradores, Collaborators:
A. Saez, A. Blazquez, Ll. Guanter,
M.Subiras
Fotógrafo, Photographer:
Eugeni Pons
Ubicación, Location:
Ridaura, Girona, España/Spain
Fecha de construcción, Completion date:
1999
Superficie, Floor space:
500 m²

El pequeño pueblo de Ridaura está ubicado en un valle de la provincia de Girona y tiene 800 habitantes. Los únicos edificios públicos eran la iglesia y el ayuntamiento ya que la escuela ocupa los bajos de una de las casas. Dada la insuficiencia de espacios comunes se quiso disponer de una nueva construcción que albergase diferentes actividades culturales, de ocio y de deporte. Se eligió un solar en la entrada del pueblo y orientado hacia la iglesia.

El principal objetivo del proyecto y una de las obsesiones de estos jóvenes arquitectos es el respeto hacia el lugar, la alteración del entorno sin deteriorar el paisaje. El reto estaba en idear un centro cívico flexible que pudiera albergar distintas actividades y que se integrara en una atmósfera paisajística y social tan particular.

La construcción se ideó como un paralelepípedo horizontal para reforzar el eje vertical que caracteriza la iglesia. El edificio es de dimensiones reducidas y se sitúa transversalmente en el solar para liberar una plaza frente a él. En la parte de atrás queda una zona más extensa dedicada a juegos, bailes y deportes. La conexión entre los espacios al aire libre se efectúa mediante una serie de porches profundos y oscuros que forman parte de la edificación.

La singularidad del Centro Cívico en Ridaura radica en la modernidad de los trazos del edificio en contraposición con el entorno, de carácter agrario y tradicional. Aranda, Pigem y Vilalta no han querido renunciar a una arquitectura contemporánea cediendo a un gusto más territorial. El edificio concentra lucernarios, plataformas, pórticos y miradores en una obra que interpreta el lugar y permite acoger actividades de diferente índole. Los cerramientos acristalados y las claraboyas permiten la entrada de luz natural abundante que fluye hacia todos los espacios interiores.

The small village of Ridaura has 800 inhabitants and lies in a valley in the province of Girona. In the past, the school was on the first floor of a house and the only public buildings were the church and the village hall. Due to the lack of space for community activities, the decision was made to build a social center in which different cultural, leisure and sports events could be held. A plot of land by the entrance to the village, overlooking the church, was chosen as the site.

A principal objective of the project and an obsession of the young architects involved was to respect the environment, altering the site without deteriorating the landscape. The challenge was to design a flexible social center that could be used for varied social activities, while blending in with the ambience of the venerable village and countryside.

Architects conceived the construction as a horizontal parallelepiped to reinforce the vertical axis that characterizes the church. The building is small and lies transversely across the plot in order to accomodate a plaza directly in front of it. Behind the building, there is a larger area which is used for games, dances and sports. The two open-air spaces are connected through a series of deep, shady porches that form part of the building.

What makes Ridaura´s village Civic Center unique is the contrast between the modern contours of the building and its agrarian, traditional surroundings. Aranda, Pigem and Vilalta did not want to renounce contemporary architecture by yielding to the village´s more rustic look. The skylights, platforms, arcades and viewpoints give the building its personality and feel, and make it adaptable for various activities. Sunlight flows through the large glass windows and fanlights, filling the interior with daylight.

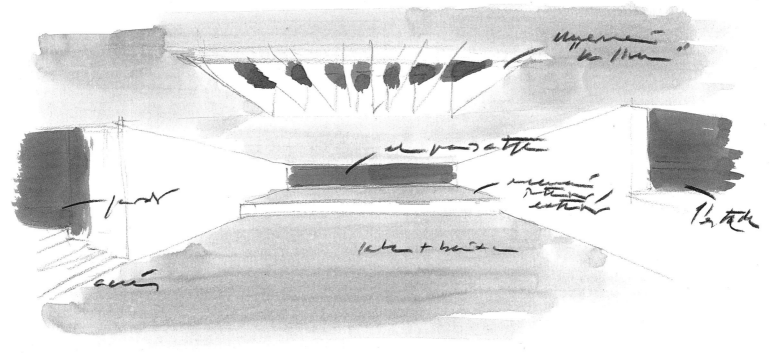

Vista del edificio y la plaza delantera para actividades del centro.

View of the building and the plaza for the center activities.

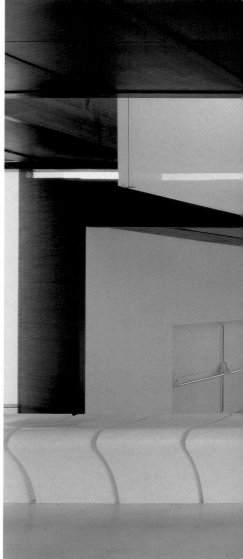

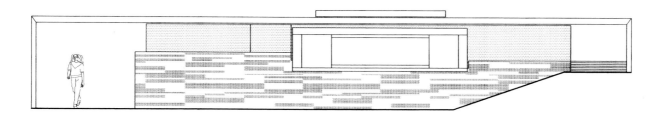

Sección | Section

0 _____ 5

Facultad de Ciencias Jurídicas

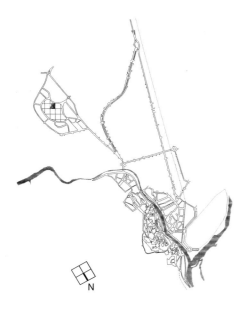

N

Arquitectos, Architects:
Aranda, Pigem y Vilalta
Colaboradores, Collaborators:
A.Saez, M. Tàpies, W. Wein
Fotógrafo, Photographer:
Eugeni Pons
Ubicación, Location:
Girona, España/*Spain*
Fecha de construcción, Completion date:
1999

La Facultad de Ciencias Jurídicas está ubicada en el Campus de Montilivi, en las afueras de Girona. Esta construcción reúne los gustos arquitectónicos más característicos de estos arquitectos afincados en la pequeña ciudad de Olot: volúmenes contundentes, abundancia y heterogeneidad de los espacios exteriores, control impecable de la entrada de luz natural, capacidad para enfatizar o disimular ciertos aspectos del edificio y precisión constructiva en todos los detalles.

La pronunciada pendiente del solar obligó a los arquitectos a idear un mecanismo para sortearla. El edificio preserva su autonomía e independencia despegándose del terreno mediante un zócalo duro y contundente.

El proyecto es la combinación de llenos y vacíos. Estos últimos se dividen en dos categorías: la primera son los espacios exteriores a modo de patios o terrazas y la segunda son los interiores que incluyen dobles alturas, pasarelas o pasillos. La riqueza de estos espacios emana de su materialidad: de los acabados casi sensuales, de las múltiples texturas que ofrecen los materiales y de la variedad de juegos de luz que reflejan. De este modo, la percepción del factor constructivo queda en un segundo plano.

La distribución funcional interior era muy compleja así que se evitó mostrarla en las fachadas. Con la aplicación de un material continuo que permitía el paso uniforme de la luz natural se consiguieron unos cerramientos que conferían un carácter unitario al edificio. Sólo las hendiduras verticales que iluminan los patios interiores interrumpen la constancia de las fachadas.

La Facultad de Ciencias Jurídicas es el resultado de un elaborado proceso creativo que nació de un lugar y su entorno y de unos requisitos funcionales muy concretos. La genialidad del proyecto radica en haber sabido producir un edificio práctico y que a la vez ofrece espacios pensados para ser disfrutados por los sentidos.

The Faculty of Law is located on the Montilivi Campus on the outskirts of the city of Girona. This building displays the most distinguishing characteristics of these architects based in the small town of Olot: impacting volumes, abundant and heterogeneous open spaces, an impeccable control of natural light, the capacity to emphasize or subdue certain aspects of the building and precision in the constructional details.

The plot's steep slope was a challenge that the architects had to overcome. The building remains autonomous by distancing itself from the land by means of a hard and forceful baseboard.

The project cleverly combines occupied and empty spaces. The latter can be divided into two categories: first, the open-air patios and terraces, and secondly, the double-height interiors, passages and walkways. The space's richness emanates from its materials. The finishes are almost sensual and the multiple textures reflect light in a variety of ways. The overall effect tones down the perception that a construction has been erected on the site.

The interior functional layout was complex so the architects avoided showing it in the façades. By using the same material on every face, a material that lets natural light pass through undistorted, the building achieved a unified look. In fact, only the vertical slits that provide light for the interior patios interrupt the uniformity of the building's façades.

The Faculty of Law is the result of an elaborated creative process born out of the site, the surroundings and the very specific functional requirements. The project's stroke of genius is that the architects were able to create a building that is conducive to campus life and also pleases the senses.

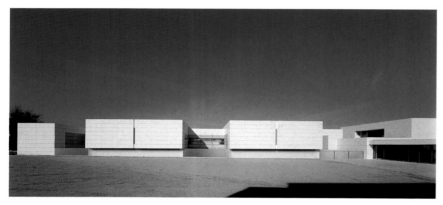

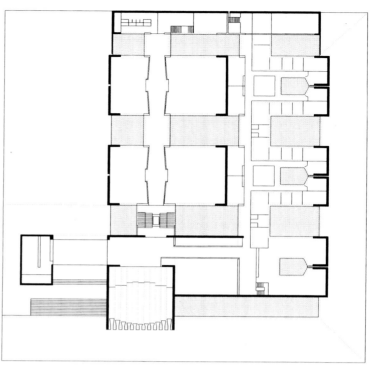

Planta Tipo | Floor type

0 ___ 5

Oficinas No Picnic

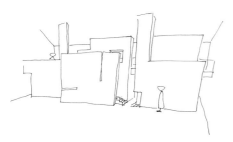

Arquitectos, Architects:
   Claesson Koivisto
   Rune Arkitektkontor
Colaboradores, Collaborators:
   Christiane Bosse
Fotógrafo, Photographer:
   Patrik Engquist
Ubicación, Location:
   Estocolmo, Suecia/*Sweden*
Fecha de construcción, Completion date:
   1997
Superficie, Floor space:
   450 m²

No Picnic es una empresa sueca de diseño industrial que instaló su sede en un edificio fabril de los años '30. Para el proyecto -la reforma completa del inmueble-, se pusieron en contacto con el estudio Claesson, Koivisto y Rune, que consideró fundamental ofrecer un espacio dinámico y abierto, dado el carácter creativo de la compañía.

Sin embargo, la firma también requería áreas privadas que permitieran mantener cierta discreción sobre los proyectos. La solución que plantearon los arquitectos fue fragmentar verticalmente el espacio en tres niveles: el sótano que alberga la parte técnica; la planta de acceso que acoge las estancias comunes: entrada, cocina, salas de reuniones y el taller; y la entreplanta que contiene la sala de proyectos, que goza de mayor intimidad.

A pesar de una distribución clara, los autores definen el proyecto como laberíntico y atribuyen esta característica a la división de los espacios que hace la escalera. Situada en el centro de la edificación, se va estrechando a medida que asciende y queda delimitada por dos muros paralelos a la fachada principal. De gran fuerza visual y con un diseño heredero del neoplasticismo holandés, sus paramentos presentan distintas alturas según las demandas de las oficinas que comunica. Además, en ellos se abren huecos horizontales y verticales mediante cortes geométricos cubiertos por láminas de cristal. La importancia de la escalera radica en la capacidad para articular el espacio, definir los niveles, y -en el nivel de acceso- separar el taller de las salas comunes.

El taller para la realización de maquetas está ubicado en el nivel superior y cuenta con una doble altura, presentándose como una habitación diáfana que recuerda su pasado industrial.

La dureza de los rasgos formales queda compensada por la selección de los acabados. Los muros enyesados, la fachada de ladrillo y los falsos techos son blancos. Destaca asimismo, el tratamiento de la iluminación, sobre todo por el esfuerzo para que se filtre luz natural en todo el espacio.

No Picnic is a Swedish industrial design company that installed its headquarters in an industrial building from the 1930´s. The project involved the complete renovation of the building, for which they hired the architectural studio Claesson, Koivisto and Rune. The architects considered it fundamental to come up with a dynamic, open space in line with the company's creative character.

However, the firm also required more intimate spaces where projects could be worked on with discretion. As a solution, the architects divided the space vertically into three levels: the basement for the technical section, the entrance level floor for the rooms used by different staff members – the reception, kitchen, meeting rooms and workshop – and finally, the floor above for the more secluded project room.

Despite the clearly defined layout, the architects view the project as a labyrinth and attribute this characteristic to the way the staircase divides the spaces. The staircase is situated in the center of the building and becomes narrower as it stretches upwards. It is defined by two walls parallel to the principal façade and combines strong visual impact with a design rooted in Dutch Neoplasticism. The partitions that separate the staircase vary in height according to the needs of the offices alongside. Geometric openings, both horizontal and vertical in shape, have been cut in the partitions and covered by sheets of glass. The staircase's importance lies in the fact that it articulates the spaces, defines the levels and, on the entry level, separates the workshop from the common rooms.

The workshop in which models are constructed is located on the upper floor. The double-height ceiling adds to the room's luminosity and recalls the building's industrial past.

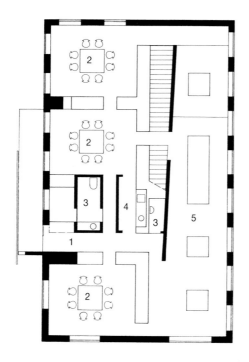

1. Entrada
2. Sala de reuniones
3. Baño
4. Cocina
5. Taller
6. Sala de proyectos

1. Entrance
2. Boardroom
3. Bathroom
4. Kitchen
5. Workshop
6. Project room

Nivel inferior Lower level

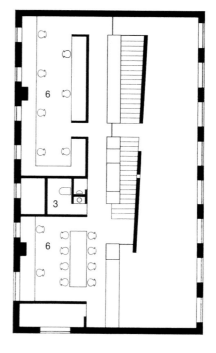

Nivel superior Upper level

0   5

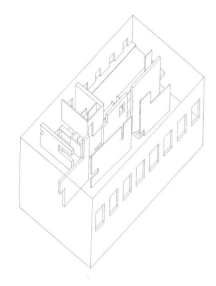

Vista de la zona de cocina con los muros perforados al fondo.

View of the kitchen and the open walls at the back.

Oficinas Osho International

Este proyecto es la sede en Nueva York de una editorial internacional especializada en temas relacionados con la cultura Zen y la meditación. El objetivo del diseño era crear un ambiente que reflejase el espíritu de los individuos que forman la empresa y el particular concepto que representan.

El proyecto ocupa la planta 46 de un conocido rascacielos en la avenida Lexington de Nueva York. Esta altísima y esbelta torre produce una inusual planta de dimensiones reducidas -unos 285 m²- con un núcleo central de instalaciones y ascensor en la parte sur del edificio.

El proceso de diseño del proyecto estuvo regido por la idea de unificar el hall de entrada, la recepción y la sala de conferencias en un solo ambiente. Este espacio central común está definido en dos de sus lados por unos módulos de almacén que van del suelo al techo. Estos volúmenes también contienen la infraestructura de comunicación. Por la parte que da al ascensor, el espacio está delimitado por una partición vertical de cristal traslúcido. Una de sus caras está tratada al ácido; la otra está pulida. Esta dualidad, aunque sutil, confiere cierto interés perceptivo al elemento.

Vista desde la entrada, esta pantalla acristalada deja vislumbrar el movimiento y las sombras de los espacios y de sus usuarios en el interior. En cambio, desde la zona del pasillo, se percibe como una superficie que refleja diferentes actividades, enfatizando el dominio privado de las oficinas individuales.

Todas las decisiones en torno al proyecto (diseño, materiales, detalles constructivos y composición), tuvieron que ser reduccionistas, para que fueran coherentes en sí mismas y con la filosofía del cliente. El propósito era crear un paisaje mediático que por una parte estimulara la imaginación y la creatividad; y por la otra, ofreciera un respiro al ajetreo del entorno urbano del centro de Manhattan.

This project involved the New York headquarters of an international publishing company that specializes in subjects related to Zen and meditation. The goal was to create an office environment that reflects the spirit of the individuals who work with the company and the unique characteristics of the material they represent.

The offices occupy the 46th floor of the former GE tower on Lexington Avenue in New York City. This tall, slender building has an unusually small floor plate of only 3,000 square feet, with the core located against the building's southern side.

The office design is anchored by the consolidation of the elevator lobby, reception area, and conference room into one large space. This central, communal room is defined by floor-to-ceiling storage and media cabinets on two sides, and by a floor-to-ceiling 55-foot translucent glass wall on the side facing the elevators. This laminated wall is acid-etched on one side and polished on the other. When seen from entry, the glass reflects the movement and shadows of the spaces and their inhabitants. From the hallway side, the glass denies its inherent transparency and provides privacy for the individual offices.

The underlying agenda in all decisions related to this project (planning, materials, details and composition) was to be reductive in nature, quiet in spirit, and consistent in execution. The intention was to create a meditative landscape that would stimulate creative imagination yet offer reprieve from the energy and influence of midtown Manhattan.

Arquitecto, Architect:
Daniel Rowen
Fotógrafo, Photographer:
Michael Moran
Ubicación, Location:
Nueva York, EE.UU./U.S.A.
Fecha de construcción, Completion date:
1998
Superficie, Floor space:
280 m²

114

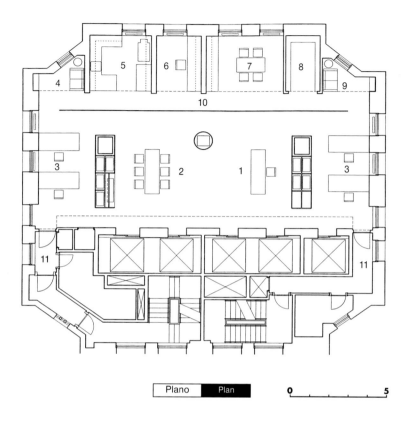

| Plano | Plan |

0 ————— 5

1. Recepción	1. Reception
2. Sala de conferencias	2. Conference
3. Oficinas	3. Workstations
4. Sala de estar	4. West lounge
5. Sala de trabajo	5. Work room
6. Habitación del sonido	6. Audio room
7. Habitación del video	7. Video room
8. Archivos	8. Archive room
9. Sala de estar	9. East lounge
10. Sala de reflexión	10. Reflective hall
11. Pasillo de servicio	11. Service corridor

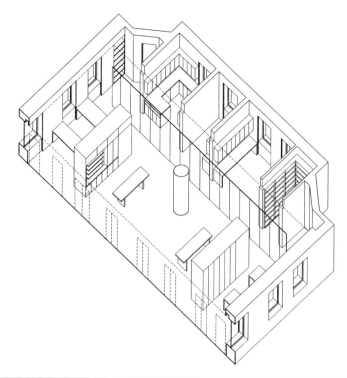

Perspectiva de la mitad del proyecto.

Axonometric view of the project's half.

Arquitectos, Architects:
  GCA Arquitectes Associats
Colaboradores, Collaborators:
  CODECSA (constructor/*constructor*),
  Gerelec (electricidad e
  iluminación/*electricity and lighting*),
  Ebanistería Pomar (carpintería/
  carpentry), CLIMATERM
  (climatización/*air conditioning*)
Fotógrafo, Photographer:
  Jordi Miralles
Ubicación, Location:
  Barcelona, España/*Spain*
Fecha de construcción, Completion date:
  1996

El estudio del equipo de arquitectos GCA se encuentra inmerso en el homogéneo tejido urbano de Barcelona, ocupando unos antiguos almacenes textiles situados en la planta baja de un edificio de 1946.

Dentro de la tradición textil era frecuente situar en la parte delantera, bajo el resto de edificación, las oficinas, y en la parte posterior, ocupando la totalidad de la parcela, los almacenes. El local disponía de unos despachos de inspiración clásica junto al acceso, con cornisas, molduras y espacios compartimentados. El interior consistía en una planta libre soportada por un sistema de cerchas y pilares metálicos.

Los arquitectos optaron por una estrategia doble: mantener la imagen de los despachos existentes, restaurando carpinterías y dotándolos de instalaciones, para ubicar en ellos las áreas de recepción, administración, dirección y control de obras; y, como contrapunto, crear un espacio claramente moderno dedicado al diseño en el antiguo almacén. El proyecto se basa en un diálogo de contrarios. No obstante, el espacio dedicado al diseño acaba convirtiéndose en el protagonista casi absoluto de las oficinas. Se concibió como una gran caja blanca, iluminada cenitalmente por dos grandes claraboyas, dentro de la cual se va estableciendo un recorrido (sala de proyectos y delineación, despachos de gestión de proyecto...) que muestra el proceso de materialización de las obras. Dicha secuencia de espacios finaliza con un gran patio exterior.

La luz es el elemento primordial. Paredes blancas, pavimentos de arce y mamparas de cristal han ido configurando un espacio neutro, homogéneo y minimalista en el cual los límites espaciales desaparecen, estableciéndose múltiples visiones y perspectivas.

The studio of the GCA team of architects is immersed in the homogeneous urban tissue of Barcelona and occupies the ground floor of former textile warehouses in a building from 1946.

Within the textile tradition, it was common practice to situate the offices at the front, beneath the rest of the building, and the warehouses in the entire back part of the building. Typically, offices were located beside the entry, with cornices, moldings and compartmentalized spaces. Meanwhile, the interior consisted of an empty space supported by metal trusses and riveted shafts.

When faced with this traditional format, the architects opted for a twofold strategy. On one hand, they preserved the appearance of the existing offices by restoring the carpentry and adding installations to create the reception, administration and work control areas. On the other hand, in the former warehouse, they created a clearly modern space devoted to design. The project is based on a dialogue between opposites. However, the space dedicated to design activities is the absolute protagonist. It was conceived as a large white box lit from above by two huge skylights. Inside, a floor plan is established that reflects the gestation process of the work (projects and drawing room, project management office and so on). This sequence of spaces ends at a large exterior patio.

Light is the fundamental element. White walls, maple flooring and glass partitions configure a homogeneous, minimalist space in which spatial limits disappear and multiple views and perspectives are established.

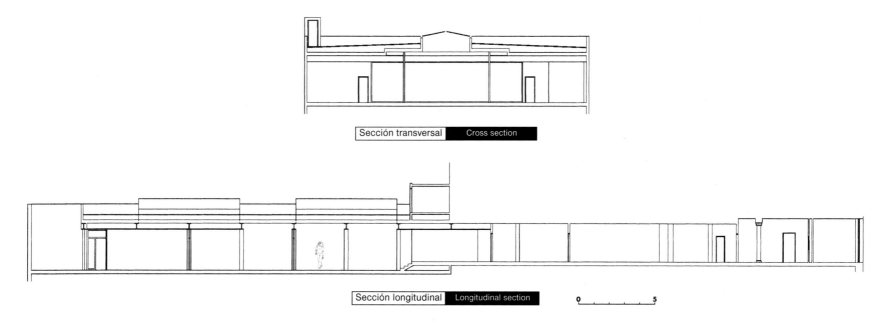

Sección transversal   Cross section

Sección longitudinal   Longitudinal section

0   5

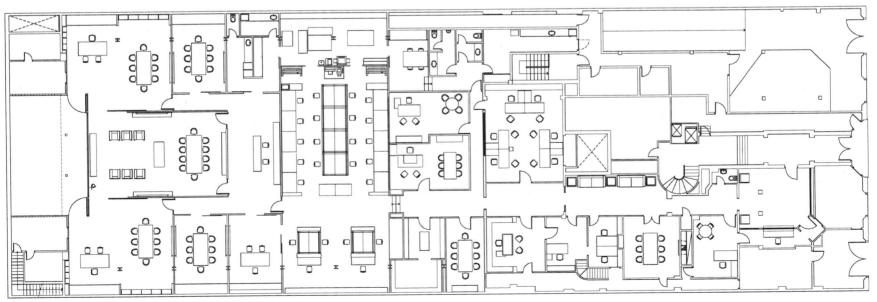

Planta general   General ground plan

Centro de información

Este proyecto es la remodelación del área de recepción de la sede del Departamento de Deportes. Su objetivo principal era dar una imagen más profesional de dicha organización gubernamental y convertir la entrada en un lugar agradable y abierto para la bienvenida de visitantes y empleados. Al ser una institución pública, el encargo se efectuó después de una selección altamente competitiva.

El programa a ejecutar fue el resultado de la colaboración entre arquitectos y clientes. La zona de recepción y la superficie adyacente en planta baja tenían que albergar un centro de información práctico con efectos visuales explicativos y sugerentes.

La intervención consiste en dos áreas distintas, una semi-privada y otra pública, separadas por un muro que acoge las instalaciones y los nuevos servicios. La fachada que da a la calle fue enteramente acristalada. Carece de muros porque se puso especial interés en no enturbiar la percepción del espacio interior. De este modo, desde el exterior se puede observar con gran claridad la nueva galería para exposiciones sobre deporte mediante reportajes de fotografía, arte y arquitectura. Este espacio de exposición está equipado con una estructura de acero inoxidable y una pantalla de video que ocupa una partición vertical entera. De esta manera, la función informativa del proyecto se realiza incluso antes de entrar en el edificio.

El muro de las instalaciones se perforó esporádicamente para que los empleados pudiesen gozar de vistas de la calle y para que los usuarios percibiesen el tipo de organización de las oficinas.

Simon Conder Associates se hizo cargo, como en la mayoría de sus obras, de todo el proceso constructivo, incluyendo el diseño del mobiliario e incluso de los sistemas de exposición. Gracias a las reducidas dimensiones del proyecto, esta autoría única permite percibirlo y entenderlo de manera clara y contundente.

The brief for this project was to remodel the reception area of the Sports Council, giving this government organization a professional image while making the entrance a friendly place that makes visitors and workers feel welcome. Since it is a public institution, the contract was awarded after a highly competitive selection process.

Once the architects had been chosen, the team worked closely with the client on details. The reception and its surrounding area were designed to reflect the building's purpose as a practical information center.

The area is divided into two parts, one semi-private and the other public, separated by a wall that closes off the installations and services. The façade overlooking the street is made of glass because the designers wanted nothing, not even a frame, to restrict the vision of what is happening inside the building. The new exposition gallery, with its stainless steel structure and a large video screen on one vertical partition, houses displays on photography, art and architecture and is clearly visible from the street. The informative role of the reception area begins even before entering the building.

There are more open-air views: the walls of the installations are perforated so that employees can see the street and visitors can perceive the openness of the offices.

Simon Conder Associates, as with most of their work, took responsibility for the entire construction process, right down to the design of the furniture and the exposition systems. Here, small is practical and the limited space allowed the Simon Conder team to effectively convey the building's role.

Arquitectos, Architects:
   Simon Conder Associates
Fotógrafos, Photographers:
   Chris Gascoigne y Nathan Willock
Ubicación, Location:
   Londres, Reino Unido/United Kingdom
Fecha de construcción, Completion date:
   1998

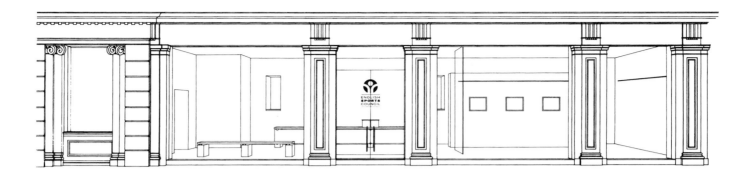

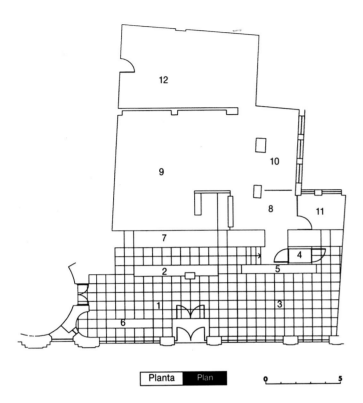

Planta | Plan

0 _____ 5

1. Recepción	1. Reception
2. Mostrador	2. Reception Desk
3. Galería	3. Gallery
4. Ascensor	4. Handicapped Elevator
5. Pantalla de video	5. Video Wall
6. Banco	6. Bench
7. Almacén	7. Storage Wall
8. Información	8. Information
9. Biblioteca	9. Library
10. Arca de lectura	10. Reading Area
11. Oficina	11. Office
12. Oficinas	12. Open Plan Offices

Crematorio en Berlín

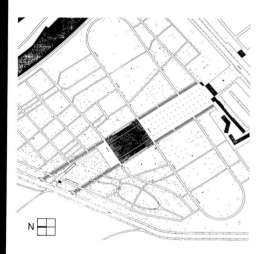

N

Arquitectos, Architects:
Axel Shultes + Charlotte Frank
Colaboradores, Collaborators:
Margret Kister, Christoph Witt
Fotógrafo, Photographer:
Reinhard Görner/Artur
Ubicación, Location:
Berlín, Alemania/Germany
Fecha de construcción, Completion date:
1998
Superficie, Floor space:
9.340 m²

El particular programa de este edificio -albergar el crematorio de la ciudad- fue determinante en el proceso de diseño. Los arquitectos eran conscientes de que el objetivo del edificio no era intentar cambiar el estado de ánimo de los usuarios sino ofrecer un ambiente propicio para la reunión, la reflexión y el recogimiento, un lugar para descansar donde predominase el silencio. El proyecto nace de múltiples reflexiones acerca de la arquitectura religiosa, reflexiones místicas que ayudan a entender los requisitos abstractos de un espacio para despedir a los muertos.

Las referencias de construcciones antiguas fueron de gran ayuda para llegar al resultado final. Por ejemplo, se adaptó la idea de plaza cubierta (Piazza Coperta) para el espacio central. Éste se usa como lugar de reunión y sirve a las estancias del edificio que se ubican a su alrededor. Por otra parte, la iluminación, que juega un papel protagonista en toda la edificación, se proyectó cuidadosamente en el hall: las columnas pétreas llegan al techo creando unos huecos por donde se cuelan los rayos solares. Además, los cerramientos verticales no llegan al forjado y crean franjas de luz natural. Las luminarias artificiales potencian ambos efectos.

Los materiales utilizados en la obra son básicamente tres: el hormigón visto, el cristal y los perfiles metálicos para cubrir la mayoría de las ventanas. La contundencia formal se ha conseguido gracias a las grandes superficies de hormigón y al diálogo entre macizos y huecos que existe en las fachadas, sobre todo en la sur. Las persianas metálicas fijas tamizan la luz y otorgan privacidad a las estancias.

En definitiva, el Crematorio de Axel Shultes y Charlotte Frank aparece como un edificio monumental y solemne que consigue crear ambientes acogedores. Aparte de un programa eficaz, los usuarios y trabajadores también se benefician de la tranquilidad que emana de los diferentes elementos de la construcción.

This building's unusual function, to house the city's crematorium, played an important role in the design process. The architects were conscious that the building's objective was not to change people's mood but to offer an ambiance suitable for gatherings, reflection and meditation; a place of rest where silence reigns. Religious architecture and mystic pensiveness inspired the project and helped define the abstract necessities of a space designed to say farewell to the dead.

References to ancient constructions influenced the final result. A covered square ("piazza coperta" in Italian) was adopted for the central meeting point. Various rooms lead off the square and lighting, a key element in creating the ambience, is carefully focused in the hall. The stone columns reach up to the ceiling where they create hollow spaces through which the sun shines. More light comes in where the vertical partitions leave a gap when getting to the ceiling. Artificial spotlights intensify both effects.

Three basic materials were used: concrete, crystal and metal slats which cover most of the windows. Formal starkness has been achieved through large concrete surfaces and the dialogue between solid masses and the openings on the façade, especially on the south face. The metal blinds filter and soften the light, bringing warmth to the room.

Axel Shultes' and Charlotte Frank's crematorium is a monumental, solemn building that manages to have a welcoming ambiance. The building is suitable for the activities that place inside it, and the workers and visitors alike benefit from the tranquil atmosphere made possible by the constructions and fittings.

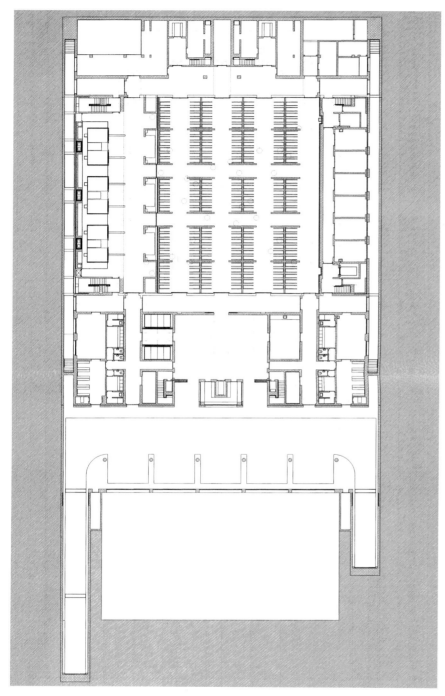

Planta sótano | Basement floor

0   5

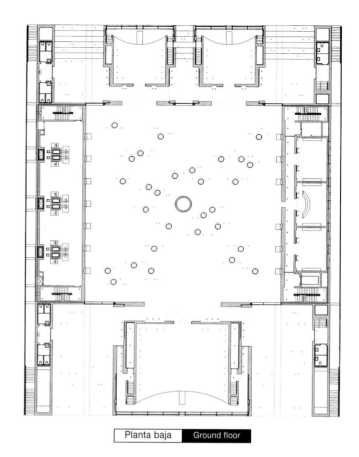

Planta baja | Ground floor

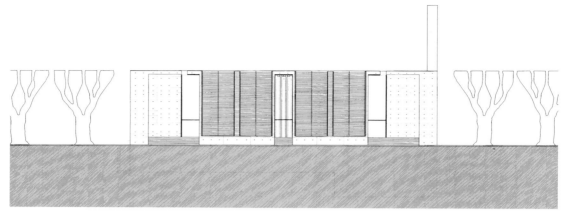

Alzado Elevation

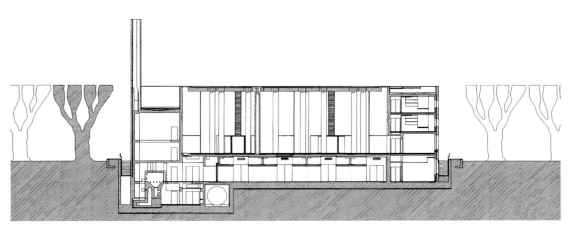

Sección   Section

Oficinas Bang & Olufsen

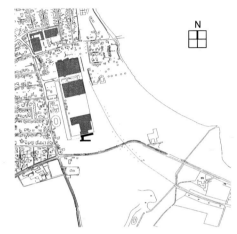

N

Arquitectos, Architects:
    KHR AS
Colaboradores, Collaborators:
    Birch & Krogboe
Fotógrafo, Photographer:
    Ib Sørensen y Ole Meyer
Ubicación, Location:
    Struer, Dinamarca/Denmark
Fecha de construcción, Completion date:
    1998
Superficie, Floor space:
    5.150 m²

Bang & Olufsen confió completamente en los arquitectos, les dió total libertad en la elección del concepto que debía regir el complejo y el diseño de los detalles. Esta confianza se basó en un intenso diálogo entre las partes implicadas.

El único requisito explícito de la firma fue el de construir un edificio insignia que reflejara a la perfección su identidad. Además, la construcción debía rehuir cualquier opulencia y ajustarse a un presupuesto moderado.

El diseño del edificio se inspiró en las típicas granjas aisladas que pueblan la campiña danesa. Estas granjas contienen un patio interior que posibilita el contacto visual entre las diferentes partes de la edificación. Al igual que estas construcciones históricas, la sede de la compañía Bang & Olufsen intenta crear un diálogo entre el programa, la tecnología estructural y la dimensión poética del paisaje. Para respetar la vulnerabilidad del paisaje circundante y de las antiguas casas de campo situadas al suroeste, el nuevo edificio intenta mostrarse ligero mediante la transparencia.

En contraste con el plácido entorno, el interior de la edificación es complejo ya que relaciona visualmente todos los espacios y las funciones que desempeñan cada uno de ellos. Ya en la entrada, situada en el centro, se perciben múltiples ambientes. La disposición de la circulación en la zona de las fachadas ayuda a facilitar la comunicación y la visibilidad entre los empleados de la empresa.

Aunque los volúmenes que forman la sede son de geometría simple, su unión y yuxtaposición crea ricas variaciones espaciales que se relacionan de manera compleja con el paisaje. La combinación de distintos materiales enfatizó esta variabilidad. El basalto, el cristal, el hormigón visto y la madera conforman los múltiples pavimentos que delimitan los ambientes, sin necesidad de que existan divisiones de otro tipo como paredes o puertas.

The intense dialogue between Bang and Olufsen and the architects gave the client such confidence in the latter's criteria that they granted them total liberty in selecting the project's guiding principles and design details.

The only condition the firm laid down was that the building had to be an emblematic flagship that perfectly reflected the company's identity. Opulence and ostentatiousness were to be avoided, and the project had to stay within the moderate budget.

The remote, isolated farms that dot the Danish countryside inspired the building design. These farmhouses have a courtyard, or patio, which permits visual contact between the different parts of the building. Just like these historical buildings, Bang and Olufsen wanted their headquarters to be in harmony with their activities, the technological structure and the countryside's poetic dimension. To avoid spoiling the vulnerable beauty of the surrounding landscapes and the old rural houses, the new building looks light, transparent and unobtrusive.

In contrast with the placid setting, the building's interior had to be complex since it relates all the spaces and the different activities that take place in them. Upon entering the building, one is exposed to varied ambiences. Placing the corridors and stairs near the façade maximizes communication and visibility among the workers.

Although the volumes of the headquarters are geometrically simple, their union and juxtaposition create rich spatial variations intricately related to the landscape. The combination of distinct materials has emphasized this effect. Basalt, glass, concrete and wood pavements define the different spaces, rendering unnecessary other partitions like walls or doors.

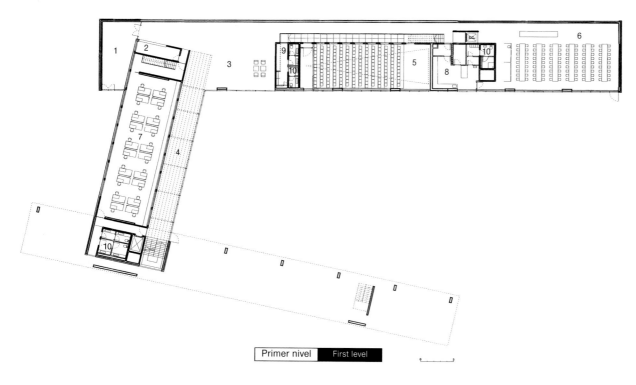

1. Entrada	1. Entrance
2. Recepción	2. Reception
3. Hall	3. Hall
4. Galería	4. Gallery
5. Auditorio	5. Auditorium
6. Comedor	6. Dining Room
7. Oficinas	7. Offices
8. Cocina	8. Kitchen
9. Guardarropía	9. Wardrobe
10. Lavabo	10. Toilet

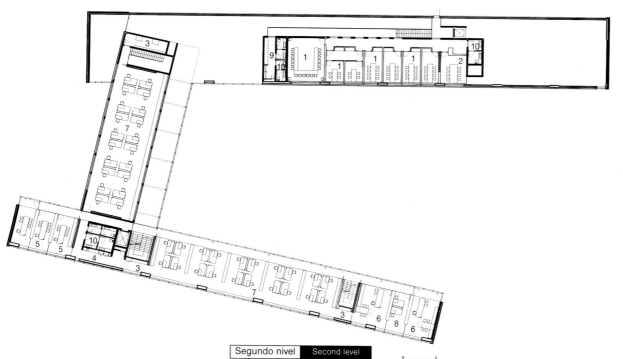

Segundo nivel Second level

1. Sala de conferencias	1. Conference Room
2. Comedor	2. Dining Room
3. Copistería	3. Copy Room
4. Cocina	4. Kitchen
5. Oficina principal	5. Chief Office
6. Oficina del director	6. Director Office
7. Oficinas	7. Offices
8. Oficina secretaría	8. Secretary Office
9. Guardarropía	9. Wardrobe
10. Lavabo	10. Toilet

Vistas al exterior donde se aprecia el magnífico paisaje circundante.

View from the exterior where the beautiful surrounding landscape can be seen.

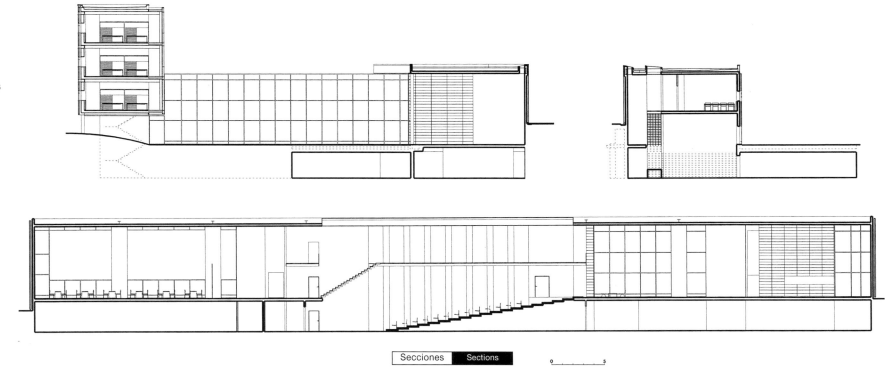

Secciones | Sections

0 | | | | | 5

espacios comerciales **commercial spaces** espacios comerciales **commercial spaces**

Espacios Comerciales
Commercial Spaces

Boutique Antonio Pernas

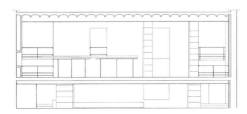

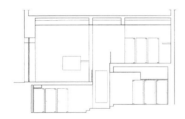

Arquitecto, Architect:
    Iago Seara
Fotógrafo, Photographer:
    Eugeni Pons
Ubicación, Location:
    Barcelona, España/*Spain*
Fecha de construcción, Completion date:
    1998
Superficie, Floor space:
    430 m²

El uso del local rehabilitado por Iago Seara es el de servir de punto de venta de un producto muy concreto: la ropa de mujer de Antonio Pernas. Se buscaba no sólo la funcionalidad de los espacios para su aplicación principal, sino también el efecto de identificación inmediata con el tipo de producto que expone y con el tipo de mujer al que va destinado.

El espacio tiene que servir como "logotipo espacial" de la firma a la que representa. Debe conseguir identificarse con la filosofía de la empresa y encarnar el producto que ésta trata de hacer llegar a un mercado muy concreto.

Buscando el efecto mencionado, el espacio rehabilitado utiliza, como la ropa que va a ser ofrecida en él, las texturas y los acabados de materiales naturales como la madera o la piedra. Dado el tipo de producto y de mujer al que intenta servir, el proyecto debe responder a los logros del Movimiento Moderno, a las exigencias de la arquitectura contemporánea.

El local está distribuido en cuatro niveles diferentes: dos en el sótano y dos más en la planta baja. Entre ambas plantas se aprovecha un hueco a doble altura, ya existente, que comunica visualmente todas las zonas de la tienda. Con esa misma finalidad, la escalera se construye exenta en uno de sus lados.

La fachada conserva su estado original aunque con el añadido de carpintería. En el interior los suelos son de piedra de Alicante y los paramentos prefabricados verticales en cartón-yeso.

La iluminación era uno de los aspectos más delicados ya que, como en las demás tiendas de Antonio Pernas, juega un papel protagonista en la creación de los espacios. Puede señalar, matizar o enfatizar el producto que se quiere vender y a la vez crear un ambiente propicio y agradable que empuja a la compra.

144

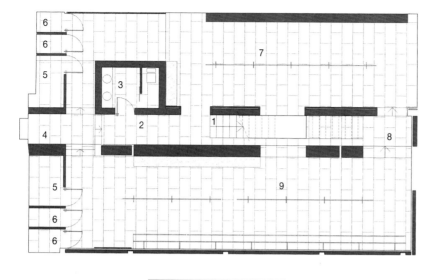

1. Escalera	1. Staircase
2. Pasillo - Distribuidor	2. Corridor
3. Aseo	3. Restroom
4. Escobero	4. Broom cupboard
5. Almacenes	5. Storage rooms
6. Probadores sótano	6. Basement changing rooms
7. Zona de tienda	7. Shop area
8. Distribuidor	8. Distributor
9. Zona de tienda	9. Shop area

Planta sótano Basement floor

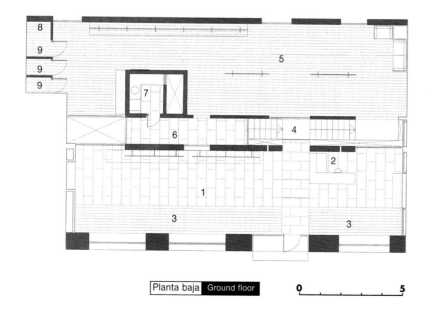

1. Zona de entrada y exposición	1. Entrance and display area
2. Zona de caja	2. Cashier area
3. Zona de escaparate	3. Shop window
4. Escalera	4. Staircase
5. Zona de tienda	5. Shop area
6. Pasillo	6. Corridor
7. Office	7. Office
8. Almacén	8. Storage room
9. Probadores planta baja	9. First floor changing rooms

Planta baja Ground floor

0 _ _ _ _ _ 5

Zona de tienda en la planta sótano.

Shop area in the basement floor.

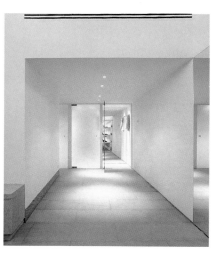

Restaurante Wagamama

Arquitectos, Architects:
David Chipperfield Architects
Colaboradores, Collaborators:
Overbury Interiors Ltd.
(contratista/*contractor*);
Chan Associates (ingeniero de
estructuras/*structure engineering*);
BSC Consulting Engineers (ingeniero
de servicios/*services engineering*);
Tim Gatehouse Associates (supervisor
de partidas/*supervisor*)
Fotógrafo, Photographer:
Richard Davies
Ubicación, Location:
Londres, Reino Unido/*United Kingdom*
Fecha de construcción, Completion date:
1996

El Wagamama, un restaurante japonés del Soho londinense, ocupa la planta baja y el sótano de un local con muchos metros de fachada y, en cambio, poca profundidad.

El comedor se ubica en el sótano, mientras que la cocina está situada en la planta baja. David Chipperfield Architects han otorgado una especial importancia al recorrido de los clientes desde la calle hasta las mesas del comedor. En la fachada, siete grandes huecos existentes se han cubierto con vidrios fijos de suelo a techo, de manera que, desde la calle, se puede ver la sala principal del restaurante a través de un doble espacio que recorre toda la fachada. El octavo hueco corresponde a la entrada.

Tres escalones permiten acceder hasta el nivel de la planta baja, que se encuentra ligeramente por encima del nivel de la calle. Ya en el interior, los clientes esperan ser conducidos hasta sus mesas en un corredor alargado desde el que se ve la cocina y, por tanto, se puede seguir la elaboración de los platos. Al otro extremo del corredor, una pantalla de vidrio tratado al ácido separa a los clientes del doble espacio y de la calle. Por la noche, desde el exterior se dibujan contra el vidrio las siluetas de los que esperan.

En la planta baja, las mesas y los taburetes de madera se distribuyen perpendicularmente al pasillo de acceso y al doble espacio. Los platos elaborados en la cocina llegan al sótano mediante un sistema de montaplatos de aluminio anodizado y, desde allí, son distribuidos a las mesas. Una serie de mostradores alineados en el muro posterior del sótano muestran a los clientes los postres, zumos y bebidas. Asimismo, existe otro mostrador de venta de objetos justo debajo de la escalera.

Wagamama is a Japanese restaurant situated in the heart of London's Soho district. It occupies the ground floor and basement of a building that is not very deep. but has a wide façade.

Surprisingly. the dining room is in the basement and the kitchen on the ground floor. The design of David Chipperfield Architects pays special attention to the customer's transition from the street to their table. In the façade. seven existing recesses have been covered with fixed glass panels that offer a view of the dining room from the street by means of a double space that covers the entire façade. The eighth recess is the entrance.

Three stairways lead to the ground floor. which is slightly above street level. Once inside. customers wait to be led to their tables in a long corridor from which they can see the food being prepared in the kitchen. At the other end of the corridor. an acid-treated glass screen separates the customers from the double space and the street. At night. the customer's silhouettes are highlighted on the screen.

In the dining room, a series of long wooden tables and stools are distributed perpendicularly to the access corridor and the double space. The food descends from the kitchen above by way of an anodized aluminum dumb-waiter, and is then served by waiters. At the rear of the room, counters display desserts, juices and drinks, and, just under the stairs. another counter displays objects for sale.

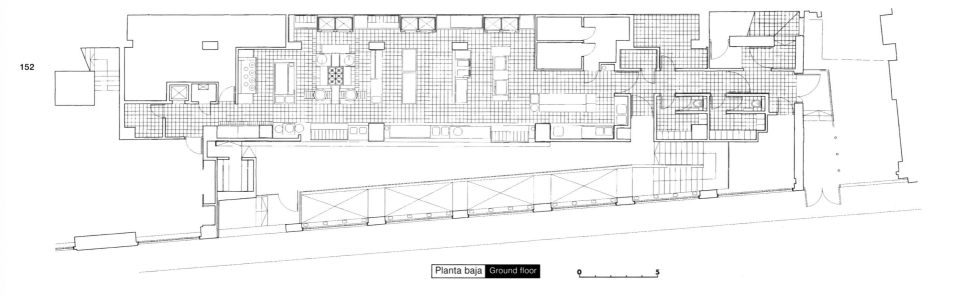

Planta baja Ground floor

0 5

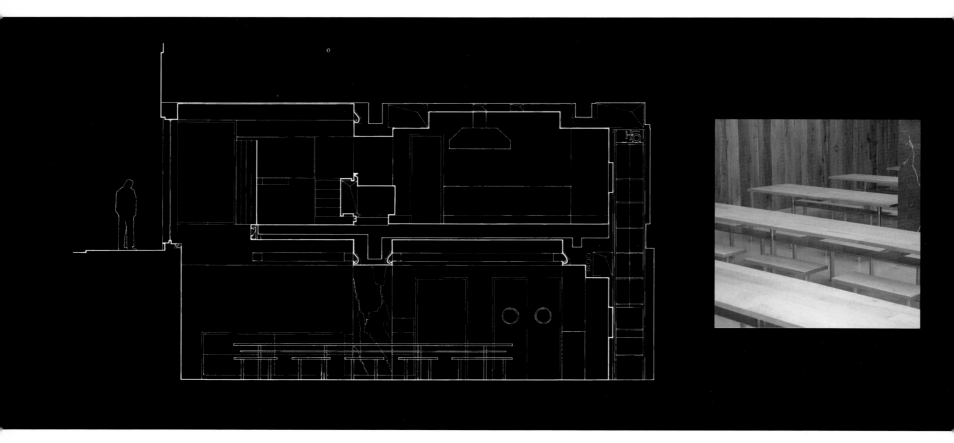

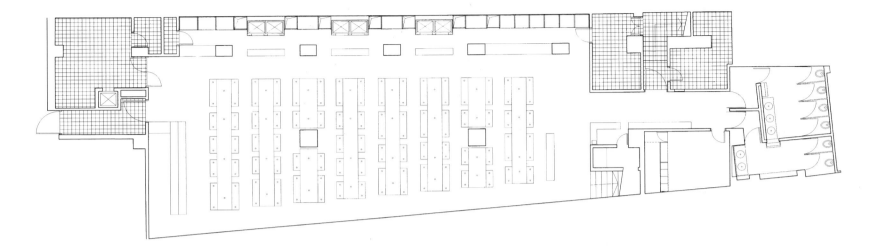

Planta sótano | Basement floor   0 _____ 5

Restaurante One Happy Cloud

Arquitectos, Architects:
    Claesson Koivisto Rune Arkitektkontor
Colaboradores, Collaborators:
    Christiane Bosse, Mattias Stahlbom
    (asistentes/*assistants*), New World
    Inredning AB (constructor/*contractor*),
    Ralambshovs Snikerier AB
    (carpintería/*carpentry*),
    Nybergs Glas AB (vidrios/*glass*)
Fotógrafo, Photographer:
    Patrick Engquist
Ubicación, Location:
    Estocolmo, Suecia/*Sweden*
Fecha de construcción, Completion date:
    1997
Superficie, Floor space:
    150 m²

La preocupación por el tratamiento de la luz y por la búsqueda de la sencillez en el diseño de los espacios interiores, son dos características tradicionales de la cultura japonesa, que también son comunes en la arquitectura escandinava.

El promotor de One Happy Cloud, un restaurante japonés situado en Estocolmo, no quería convertir su establecimiento en un lugar pintoresco donde servir sushi, sino en un espacio de integración entre las culturas de Japón y Escandinavia, tanto desde el punto de vista gastronómico como estético.

El resultado es un espacio de extraordinaria simplicidad y elegancia, donde no existen referencias directas a la cultura japonesa, sino alusiones sutiles a la atmósfera y a la quietud de la arquitectura tradicional de aquel país.

El local tiene una superficie aproximada de 150 m², con una planta casi cuadrada. La zona dedicada a los clientes se organiza en dos salas estrechas que forman una L. El resto del espacio está ocupado por los servicios y la cocina.

Las mesas se alinean a lo largo de los muros perimetrales. Gracias a las paredes existentes o a grandes mamparas de vidrio tratado al ácido (las mayores del mercado), las salas pueden dividirse en espacios más reducidos e íntimos. Todos los muros están enyesados y pintados de blanco, salvo el que hay tras la barra del bar, en el que el artista gráfico Nill Svensson ha realizado unos dibujos sobre fondo negro.

La gran altura de las salas con respecto a su anchura, los lienzos blancos -verticales y vacíos-, las mamparas traslúcidas que difuminan la luz, la inexistencia de elementos decorativos, el mobiliario macizo y simple, de haya barnizada con aceites mates: todo ello consigue transmitir esa imagen de sobriedad tan apreciada y tan evanescente.

Traditional Japanese culture shares two characteristics with Scandinavian architecture: concern with the treatment of light and the pursuit of design simplicity. The developer of One Happy Cloud, a Japanese restaurant in Stockholm, did not want his establishment to be merely a picturesque place in which to serve sushi. Rather, the idea was to create a place where Japanese and Scandinavian cultures would fuse in both gastronomic and aesthetic terms.

The result is a venue of extraordinary simplicity and elegance. There are no direct references to Japanese culture, but rather subtle allusions to the quiet, relaxing atmosphere of the country´s traditional architecture. The restaurant has an area of approximately 450 square feet. On a nearly square floor plan, the dining area is arranged in two narrow, L-shaped rooms. The remaining space contains the restrooms and the kitchen. The tables are lined up along two perimeter walls. The existing walls and larger, acid-etched glass partitions divide the rooms into smaller, more private areas.

All the walls are plastered and painted white except for the one behind the bar counter, which features chalk drawings on a black background by graphic designer Nill Svensson. The considerable height of the rooms in relation to their width, the empty white vertical panels, the translucent partitions, the absence of decorative elements and the simple, solid furniture in matte varnished beech wood all contribute to the desired image of evanescent sobriety.

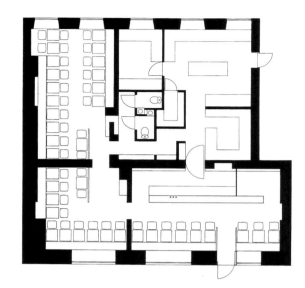

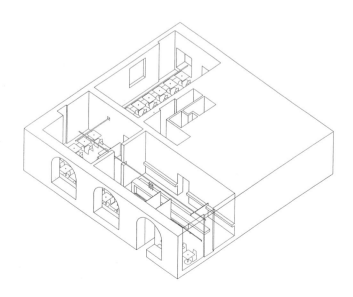

Planta general | Ground plan

0 _____ 5

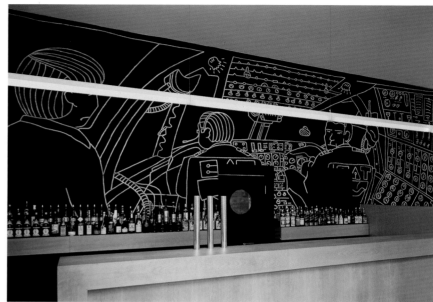

El pavimento es de cemento gris pulido.

The flooring is of polished gray cement.

Boutique Julie Sohn

Arquitectos, Architects:
Conrado Carrasco y Carlos Tejada
Fotógrafo, Photographer:
Eugeni Pons
Ubicación, Location:
Barcelona, España/*Spain*
Fecha de construcción, Completion date:
1997
Superficie, Floor space:
128 m²

El proyecto está ubicado en los bajos de una edificación en un sector del Ensanche barcelonés que recupera de manera acelerada sus roles significativos y comerciales. El local responde perfectamente a las características de los bajos de esta zona: escasa anchura de fachada, una exagerada profundidad edificada y una altura libre interior que supera los 4 metros.

La idea básica que presidió el desarrollo del proyecto fue la creación de un espacio continuo y neutro, en el que pudieran exponerse las prendas de ropa como en una de las galerías de arte presentes en otros tramos próximos de esta misma calle.

La tienda responde al programa de necesidades y de imagen de marca propuesto por los propietarios. Uno de los requisitos tajantes de los clientes fue que las instalaciones técnicas de climatización e iluminación quedaran ocultas.

La forma del local preexistente se concibe como un contenedor en forma de tubo que se va abriendo progresivamente hacia el interior. La profundidad del local y la generosa altura del techo contrastan con una fachada mínima de exposición. Para disponer de mayor amplitud en el sector más profundo, se apeó uno de los muros estructurales. Además, se evitó la alteración de la fachada del inmueble. Así, se proyectó un cerramiento acristalado ligeramente retrasado y oblicuo, para evitar reflejos y para remarcar la puerta de acceso.

Las particiones interiores y los techos se revistieron con una doble piel de cartón-yeso que evita problemas de humedad y de movimientos estructurales. El otro material utilizado en el proyecto es el acero inoxidable mate de tiradores, zócalo y colgadores.

La irregularidad de la forma del local se unificó pintando de blanco todas las superficies interiores, incluso el pavimento continuo de hormigón. Un cajón perimetral de yeso resuelve el encuentro de las paredes con el techo y oculta las luminarias, los altavoces y las rejillas de aire acondicionado.

This project is located on the first floor of a building in the Ensanche district of Barcelona, a neighborhood that is being revamped as it attracts more and more businesses. The property is a perfect example of the street level fronts found in this area: a narrow façade, a long, deep building and at least 4 meters of freestanding interior space.

The idea that guided the project was to create a continuous and neutral space where clothes could be displayed like works of art; a concept inspired by the art galleries on the same side of the street.

The shop had to harmonize with the brand image the owners were trying to convey. One of the clients' irrefutable demands was to hide the air-conditioning and lighting equipment.

The pre-existing property was like a tube that became progressively wider towards the interior. The depth of the premises and the high ceilings contrast with the narrow façade. To make the back part as spacious as possible, one of the structural walls was knocked down. The decision was made to leave the building's façade unaltered and an oblique glass front was selected, set back slightly to avoid reflections and to highlight the entrance.

The interior walls and ceilings were covered with two layers of board and plaster to prevent structural movements and problems with humidity. Matte stainless steel was used for the handles, plinths, baseboards and hangers.

To unify the property's strange shape, all interior surfaces, including the continuous concrete flooring, were painted white. A plaster box around the perimeter resolves the joint between the ceiling and walls and conceals the lights, loudspeakers and air vents.

Vista de la tienda desde la calle.

View of the shop from the street.

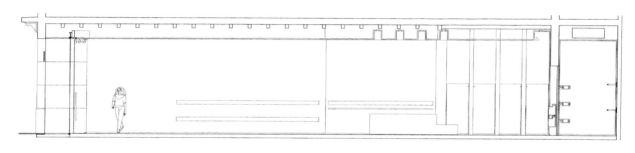

Sección   Section

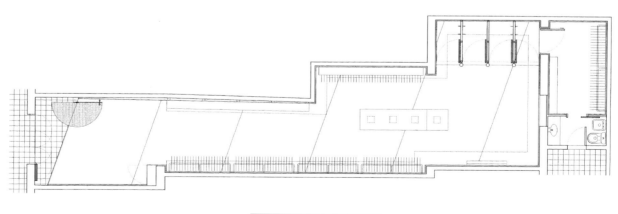

Planta   Ground floor

0   5

Perspactivas de la tienda
desde ambos extremos.
**View of the store from both
opposite ends.**

164

Vista y detalle de los probadores.

View and detail of the fitting rooms.

Joyería en Munich

El Minimalismo no es sólo negación, substracción o puritanismo. Se puede entender como la reducción de la arquitectura a sus conceptos básicos de espacio, luz y masa. Pero no se trata sólo de la eliminación del ornamento sino de la celebración de la forma y del espacio. Un buen ejemplo de esta tendencia es este proyecto de Landau & Kindelbacher, donde una arquitectura aparentemente simple esconde un proyecto muy complejo.

La joyería se encuentra en un edificio construido después de la guerra, ubicado en una zona comercial de la ciudad. El local incluye un zona de exposición y venta, y otra de taller donde se diseñan y producen las joyas de las distintas colecciones. El espacio que ocupa la tienda -bastante alto- ejerce de contenedor neutral para los elementos de exposición.

Se optó por no subdividir el espacio de manera tradicional. La partición que separaba el taller de la tienda se abrió para que la percepción visual fuera completa. La transparencia de los volúmenes de exposición y el gris de paredes y pavimento enfatizan la profundidad del local.

Se diseñaron distintos expositores: el más grande es un cuerpo de acero inoxidable -dividido por una franja acristalada- donde se exponen las joyas. De él se puede extraer un mostrador con ruedas que acoge la caja registradora y algunos cajones. También hay un mueble de madera de arce que gira en torno al poste de acero al que está fijado. Por último, los escaparates están formados por perfiles de acero con fondos de cristal, que muestran las joyas sin enturbiar la percepción de la tienda desde el exterior.

La iluminación fue diseñada detalladamente para que resaltara las piezas pero que al mismo tiempo pasara inadvertida. Aunque se dispusieron unos pequeños puntos de luz en el techo, las joyas se destacan mediante halógenos ubicados en los muebles.

Minimalism is not only negation, subtraction or puritanism. It could be defined as reducing architecture to the basic concepts of space, light and mass. While minimalism eliminates adornments, it admires form and space. This project by Landau and Kindelbacher is a good example of this tendency. It demonstrates how apparently simple architecture can hide a project's deep complexity.

The jewelry shop is located in commercial zone of Munich, in a building erected after the war. The premises include a show and sales area and a workshop for designing and producing the jewels for the different collections. The shop's height makes it an ideal place to display jewelry.

The architects decided not to divide the space in a traditional way. The partition that separated the workshop from the shop was opened up to give full visual communication. The transparency of the exposition stands and the gray color of the walls and pavements emphasize the depth of the premises.

The display cases were specially designed. The biggest is a stainless steel case divided by a crystal strip on which the jewels are exhibited. A counter on wheels, with the cash register and a few drawers, can be pulled out of it. Another maple wood display cabinet swivels on a fixed steel post. The showcases all have steel cross-sections with crystal backing, allowing the jewels to be contemplated without blocking the view from outside.

The lighting was carefully thought out so that it would be subtle yet would highlight the pieces. Although small spotlights were placed in the ceiling, halogen tubes in the cabinets illuminate the jewels.

Arquitectos, Architects:
  Landau & Kindelbacher
Colaboradores, Collaborators:
  Lene Jünger
Fotógrafo, Photographer:
  Michael Heinrich
Ubicación, Location:
  Munich, Alemania/*Germany*
Fecha de construcción, Completion date:
  1997
Superficie, Floor space:
  165 m²

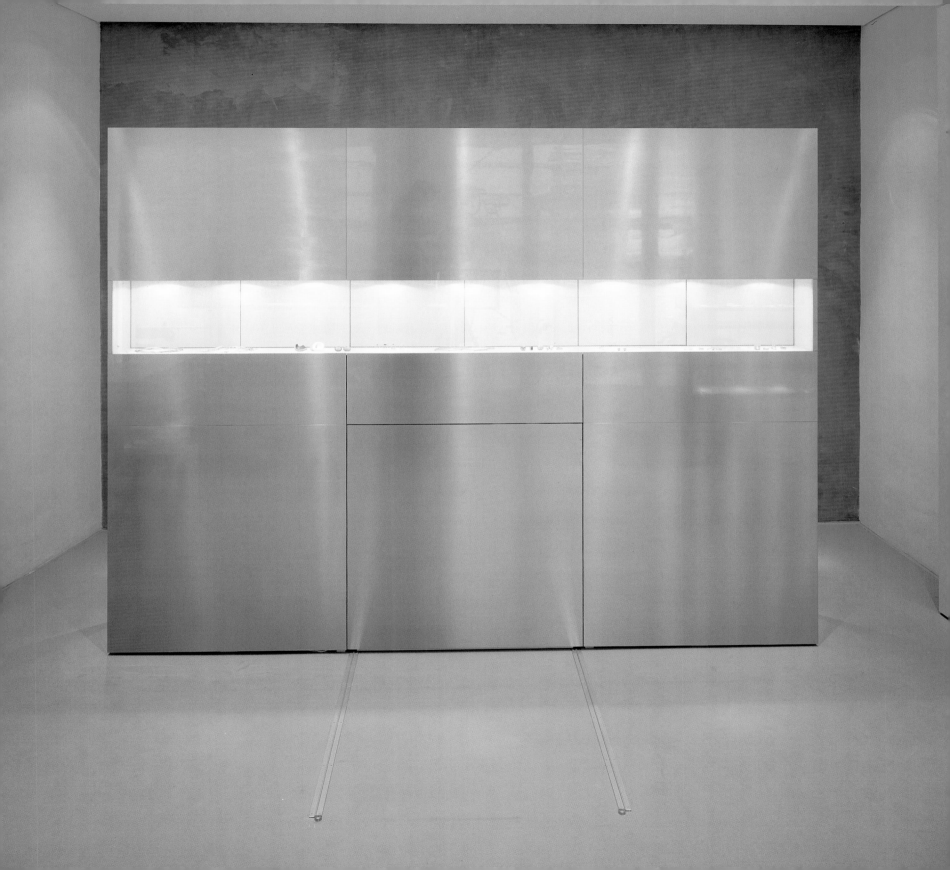

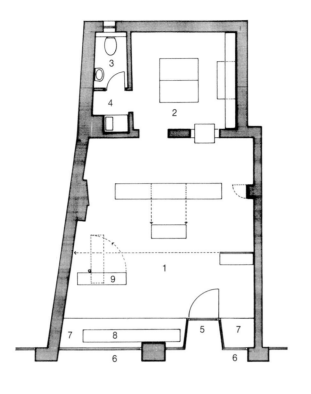

| Planta | Plan |

0 _____ 5

1. Sala de exposición	1. Exhibition
2. Taller	2. Atelier
3. WC	3. WC
4. Lavabo	4. Bathroom
5. Entrada	5. Entry
6. Escaparate	6. Display system
7. Vitrina	7. Display system
8. Escaparate	8. Display system
9. Expositor pivotante	9. Glass movable wardrobe

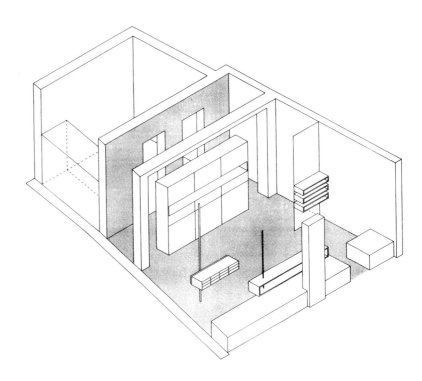

Detalles de los diferentes expositores.

Details of the display systems.

Galerie Isabella Hund Schmuck

Boutique Jigsaw

Arquitecto, Architect:
   John Pawson
Colaborador, Collaborator:
   Vishwa Kaushal
Fotógrafo, Photographer:
   Richard Glover
Ubicación, Location:
   Londres, Reino Unido/*United Kingdom*
Fecha de construcción, Completion date:
   1996
Superficie, Floor space:
   600 m²

En las anteriores tiendas Jigsaw, la firma ya había demostrado su interés por una arquitectura intencionada y original. El punto de partida de esta nueva tienda en Bond Street -una de las mejores calles comerciales de Londres- es diseñar un espacio para que las prendas Jigsaw se presenten en todo su esplendor, un espacio que invite al cliente y donde se sienta cómodo, un espacio distintivo que pueda servir de logotipo espacial de la firma. Asimismo, el proyecto rechaza todo protagonismo para que la ropa acapare toda la atención y no se vea influenciada por los elementos constructivos.

La fachada de los dos edificios contiguos que se unieron para conformar la tienda había sufrido varias reformas. Se decidió desmantelarla para poder empezar de nuevo, diseñando dos aperturas acristaladas en un cerramiento de paneles de cemento de acabado exquisito. En el interior, la primera planta retrocede desde la fachada para crear una doble altura de 6 metros, generando un espacio espléndidamente iluminado que sirve de escaparate del local.

La irregular planta original se modificó para garantizar claridad y orden. Sólo la escalera rompe la geometría ortogonal para destacar perceptivamente y señalar la existencia de otro nivel. El núcleo de la planta baja incluye cuatro zonas de exposición; los lados están ocupados por una larga estantería y dos mesas. Las particiones verticales que definen las zonas están constituidas por pantallas de acrílico que producen una sensación de recogimiento y minimizan la percepción de los pilares estructurales. La iluminación general baña las paredes y las luminarias ubicadas en raíles resaltan distintos puntos.

Gracias a la blancura de las paredes y al acabado sublime del pavimento de granito, el proyecto parece lujoso y sofisticado pero rehuye cualquier opulencia. Los requisitos funcionales se han materializado prestando especial atención a la proporción y buscando una expresividad que particularice el espacio sin condicionarlo.

Through the stores that it has built in the past, the company Jigsaw has made clear its interest in original design architecture. This project on Bond Street, one of the most prestigious shopping thoroughfares in London, set out to create a space suitable for displaying Jigsaw's fine clothes. The surroundings make the client feel comfortable and symbolize the Jigsaw brand. The architectural features shun protagonism and shift the spotlight directly onto the garments.

The project originated with the façade of two adjacent buildings, which had been reformed separately over the years. The designers decided to deconstruct the façades and start from scratch. They conceived two crystal openings in an exquisitely finished concrete cladding. Inside, the ground floor leads into a space with a double-height ceiling, a maximum of 6 meters, where lighting is used to feature the clothes.

The strange floor layout was modified to gain clarity and order. The staircase is the only element that breaks the orthogonal geometry. It stands out visually and indicates the existence of another floor. Four exposition zones compose the first floor's nucleus. These zones are divided off by acrylic screens that give a feeling of warmth and tone down the perception of the structural pillars. The walls are illuminated by general lighting. Overhead lamps shine light upon certain areas.

Thanks to the whiteness of the walls and the sublime finish of the granite flooring, the project has a luxurious and sophisticated feel, yet does not go overboard on opulence. The need for functionality was met by paying careful attention to the proportions and by taking advantage of the space's unique expressivity without sacrificing practicality.

174

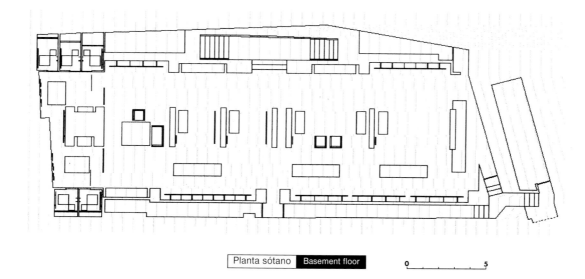

Planta sótano Basement floor   0   5

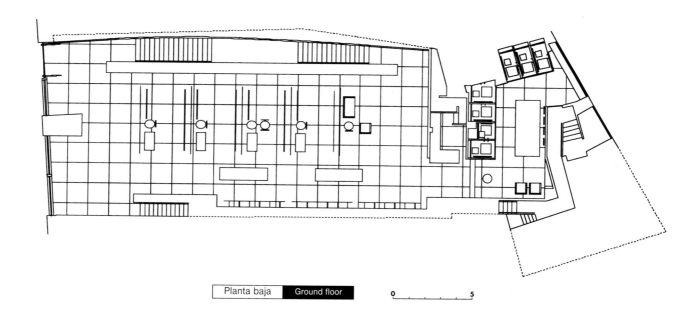

Planta baja Ground floor   0   5

Vista de la fachada en cristal y acero pintado de negro.

Remodeled storefront in glass and steel painted in black.

Vista de la planta baja.

View of the ground floor.

Galería MA

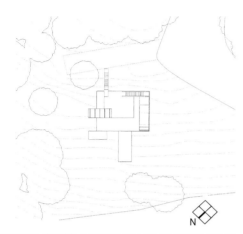

Arquitectos, Architects:
   Hiroyuki Arima + Urban Fourth
Colaboradores, Collaborators:
   Sayuri Koda, Toru Sakiyama
Fotógrafo, Photographer:
   Koji Okamoto
Ubicación, Location:
   Itoshima-gun, Fukuoka Prefecture,
   Japón/Japan
Fecha de construcción, Completion date:
   1998

Hiroyuki Arima y su estudio Urban Fourth empiezan a destacar en el panorama arquitectónico japonés. Encarnan, como pocos, la fusión entre la sensibilidad tradicional y la visión progresista -casi futurista- de la arquitectura. De este modo, sus proyectos se rigen por un tratamiento cuidadoso de los materiales y una formalización geométrica contundente, arriesgada y exquisita.

La Galería MA está ubicada en el Parque Nacional Genkai, una región llena de colinas entre el mar y las montañas, a 2 horas de la ciudad de Fukuoka. El proyecto incluye una zona de exposición y un taller para la cliente, una artista de arte plástico. Consta de cinco volúmenes colocados en la cima de una pronunciada pendiente de 17 metros de altura.

Para la construcción se han utilizado diversos materiales comunes: cemento, madera de cedro, policarbonato plisado, planchas de acero y malla metálica. La combinación de éstos se ha regido por la obtención de espacios flexibles que se recorren de manera fluida. Asimismo, se deseaba una abundante entrada de luz natural para iluminar las estancias de exhibición (que también se utilizan para dar conciertos) y el taller de la artista, que se diseñó independiente del resto de la edificación para gozar de mayor intimidad.

El nivel superior de la galería se utiliza para exhibir obras y también como mirador ya que desde esta altura se puede ver el lago Genka-nada y la pradera que lo precede. Un expositor de cristal permite albergar las obras de arte y a su vez introducir luz en los niveles inferiores. Esta conexión espacial enfatiza la fluidez entre las diferentes plantas.

Debido a la superficie rocosa de la pendiente se decidió construir el edificio con un sistema estructural autoportante para cada planta o volumen. De esta manera, no se alteraba excesivamente el entorno y los pilares se colocaban indistintamente en los diferentes niveles, sin tener que seguir unas pautas demasiado rígidas.

Hiroyuki Arima and hi Urban Fourth Studio are beginning to make a name for themselves on the Japanese architecture scene. They blend traditional sensibility and a progressive, almost futuristic vision of architecture in a way that few others can. Their projects are guided by sacred respect for materials and bold and exquisite geometry. The MA Gallery is in the National Genkai Park, a region that lies between the sea and the mountains, 2 hours outside of Fukuoka. The project, which includes an exposition zone and a workshop for the client, a plastics artist, consists of five volumes at the top of a sharp, 17 meter slope.

Several common materials were used in the construction: cement, cedarwood, pleated polycarbonate, steel sheets and wire netting. The materials combine to give the spaces flexibility as they flow into each other. Another key objective was to ensure that plenty of light filled the artist's workshop and exhibition rooms, also used to hold concerts. These rooms were designed to be independent, more intimate and secluded from the rest of the construction.

The upper level of the gallery is a display area for works of art and an ideal place to view the Genka-nada lake, which is clearly visible beyond the pastures. A glass display case exhibits artwork without blocking the sunlight that filters through to the lower levels. The openness between the different floors emphasizes their close relationship.

The rocky surface of the slope persuaded the architects to build an independent structure for each floor and volume, making it unnecessary to meddle excessively with the surroundings. The self-contained support system means that the pillars do not have to be in the same position on each floor.

1. Estudio	1. Atelier
2. Almacén	2. Storage
3. Aseo	3. Sanitary

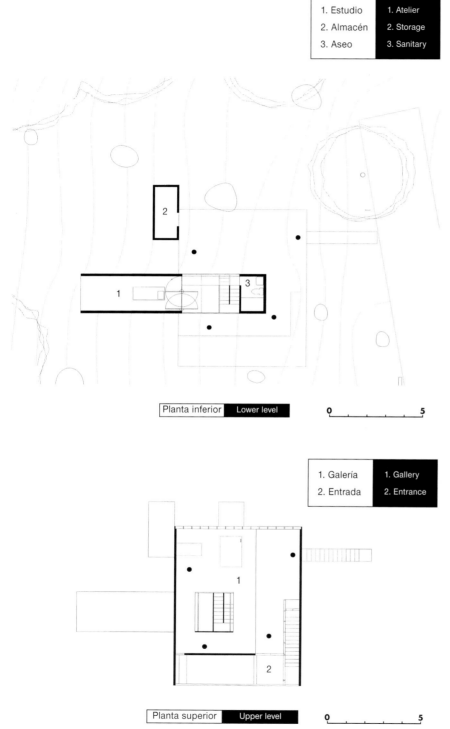

| Planta inferior | Lower level |

0   5

| 1. Galería | 1. Gallery |
| 2. Entrada | 2. Entrance |

| Planta superior | Upper level |

0   5

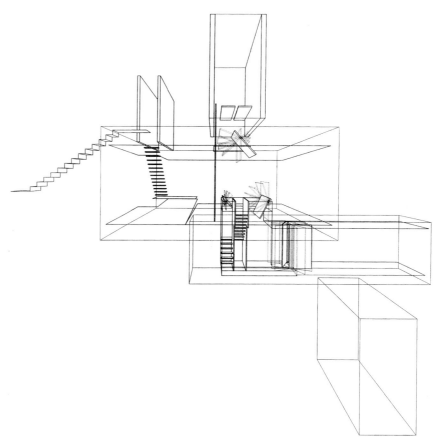

La perspectiva muestra la fluidez de los espacios.

The axonometric view shows the fervidity between spaces.

Boutique Dolce & Gabbana

Arquitectos, Architects:
David Chipperfield Architects
& P+ARCH
Colaboradores, Collaborators:
Filippo Valaperta, Francesco
Ferrari, Mauro Triulzi
y Franco Gasparini
Fotógrafo, Photographer:
Dennis Gilbert
Ubicación, Location:
Milán, Italia/Italy
Fecha de construcción, Completion date:
1999

La nueva imagen para la firma Dolce & Gabbana se materializa en su remodelada tienda insignia de Milán. Los elementos distintivos de esta nueva imagen también reconfigurarán las tiendas de Londres y otras en todo el mundo.

El basalto es uno de los materiales más utilizados en el proyecto: por una parte cubre el suelo de toda la tienda; por otra, constituye los bancos perimetrales que recorren los múltiples espacios y definen las áreas para los colgadores de pared y los expositores de complementos. Asimismo, estos bancos de basalto se transforman gradualmente en el mostrador de caja y las escaleras.

Los techos se han mantenido vacíos, limpios de todo ornamento, con la excepción de unas cajas de luz diseñadas específicamente para el proyecto. Los puntos de luz fluorescentes pueden orientarse hacia los diferentes expositores. Para tamizar la luz se han colocado unos difusores de policarbonato que suavizan el efecto de los focos y que confieren calidez al espacio.

El blanco impoluto de las paredes queda quebrado por unas delicadas pantallas de cristal laminado que incluyen una capa de seda. Estas particiones aíslan el espacio de los vestidores y crean un telón de fondo donde se colocan los elementos distintivos de la firma Dolce & Gabbana.

La ropa está expuesta en colgadores de teka que pueden estar de pie o adosados a la pared. Las mesas también son de madera de teka y contrastan con las cajas de exposición ya que sus superficies acristaladas son lisas, con acabados impecables. Todo el mobiliario dedicado a la presentación de los productos ha sido diseñado por David Chipperfield y manufacturado por B&B Italia.

La austeridad de las líneas de diseño de David Chipperfield sirve para destacar la mercancía. Para contrastar esta estética minimalista, Domenico Dolce y Stefano Gabbana han completado la imagen final de la tienda con múltiples accesorios: sillas barrocas, cuadros, esculturas, pieles de zebra y plantas.

Dolce & Gabbana's new company image has been physically materialized in the revamped flagship store in Milan. The elements that define this new image will also embellish the boutiques in London, and others around the world.

One of the materials used repeatedly in this project is basalt. It covers the floor of the entire boutique, and is the raw material for the benches that are spread around the space. These benches, situated beneath accessories hung on the walls and next to the complement showcases, make a forceful impression. It is impossible to distinguish where the benches end, and the counter and staircase begin.

The ceilings have been left bare, free of all ornaments, except for especially designed light boxes that enhance the overall effect. The florescent spotlights can be focused on the different display cases. Some polycarbonate shades have been installed to filter the light, softening the look and bringing warmth to the setting.

Subtle, silk-covered glass screens break the pure white of the walls. These partitions conceal the area of the changing rooms, creating an ideal backdrop for the Dolce & Gabbana brand symbols and insignia.

The garments are hung on teak hangers, either self-supporting or attached to the walls. The tables are also made of teak and contrast with the shiny, smooth glass surface of the show cabinets. David Chipperfield designed all the furnishings to display the products and B&B of Italy manufactured them.

The austere lines designed by the architect focus attention on the merchandise. In order to compensate for the minimalist aesthetics, Domenico Dolce and Stefano Gabbana rounded off the boutique's image with a range of accessories: baroque chairs, pictures, sculptures, zebra skins and plants.

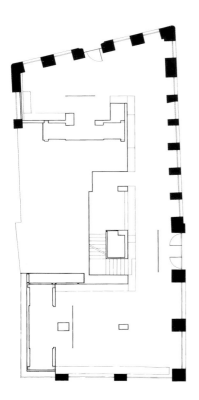

0 |_____| 5

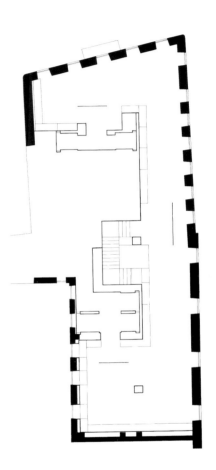

Planta primera   Second floor   0   5

Boutique Principe

Arquitectos, Architects:
   Antonio Citterio & Partners
Colaborador, Collaborator:
   Patricia Viel
Fotógrafo, Photographer:
   Gionata Xerra
Ubicación, Location:
   Milán, Italia/*Italy*
Fecha de construcción, Completion date:
   1998
Superficie, Floor space:
   55 m²

Como se observa en otros proyectos de espacios comerciales, la similitud entre la boutique y una galería de arte no es accidental, sino voluntaria y justificada. En ella no se utilizan las estrategias usuales de venta, sino que se invita al visitante a pasear por un espacio donde se expresa una idea personal sobre la elegancia y el lujo. Así pues, los bolsos y otros accesorios perfectamente presentados e iluminados no sólo están dispuestos para ser vendidos, sino que su propia presencia y su ubicación en el espacio crean una atmósfera, un ambiente que es el valor definitivo que se quiere transmitir. Comprar unos zapatos supone para el cliente adueñarse de una parte de ese espacio perfecto que constituye la tienda.

Por eso mismo, la relación entre arquitectura, los materiales empleados para los acabados, la iluminación, el mobiliario y los propios productos, no está jerarquizada por estrategias de escaparatismo y publicidad, sino que todo debe combinarse para crear un ambiente armonioso y calmado, por donde el visitante pasee sin urgencias ni obstáculos.

La boutique Principe, ubicada en una zona privilegiada del centro de Milán, es un buen ejemplo de todos estos preceptos. Su limitada superficie obligó a los arquitectos a eliminar los elementos no indispensables y a enfatizar los restantes. Los materiales utilizados también fueron pocos: toda la tienda está conformada en cristal, acero, madera y yeso pintado de blanco. El suelo es de mármol y la fachada combina cristal transparente y traslúcido.

Los expositores fueron cuidadosamente diseñados y también combinan madera, acero inoxidable y cristal. Son muebles independientes que permiten un sistema flexible de exposición a tres alturas distintas. Las instalaciones técnicas, lumínicas y de acondicionamiento del aire, se camuflaron en un falso techo que se abre para iluminar la tienda.

In the design of commercial spaces, many boutiques resemble art galleries. This similarity does not come about by chance; it is planned and based on solid reasons. These boutiques do not use normal sales strategies; rather, the shopper is invited to stroll through an area in which the architect has expressed elegance and luxury in a personal way.

Therefore, the bags and other accessories that are perfectly displayed and illuminated are not there only to be sold. Their presence and layout creates an atmosphere that conveys the appropriate image. Buying a pair of shoes enables the customer to feel like he or she owns part of this impeccable space.

The relationship between the architecture, the materials used for the finishes, the lighting, the furniture and the products themselves is not determined by window-dressing or advertising artifices. All these factors must be combined to create a relaxing and harmonious ambience where the visitor feels free to linger unhurried.

The Principe Boutique, located in an up-scale zone of Milan, is a first-rate example of the application of these maxims. The limited floor space obliged the architects to eliminate unnecessary elements and emphasize what remained. Few materials were used: the entire shop is decorated with glass, stainless steel, wood and white painted stucco. The floor is marble and the façade, translucent glass.

Great care was taken when designing the showcases, which are made of wood, stainless steel and glass. As independent pieces of furniture, they permit a flexible display system on three different levels. The technical equipment, the lighting and the air conditioning are camouflaged behind a false ceiling that opens to illuminate the boutique.

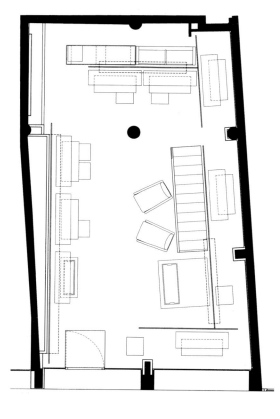

| Planta general | Ground plan | | 0 | | | | | 5 |

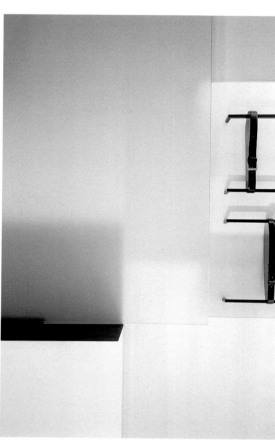

Sistemas de exposición diseñados por el arquitecto.

Display systems designed by the architect.

Boutique Fausto Santini

La Boutique Fausto Santini en Düsseldorf forma parte de un proyecto global que incluye otras tres tiendas en París, Roma y Milán. Todas tienen en común la particularidad de haber resuelto el delicado equilibrio entre autor y cliente, creando un espacio adecuado para el lucimiento de los productos.

La idea que regió el proyecto fue la de deshumanizar los espacios, desnudándolos de elementos accesorios, para convertirlos en iconos abstractos de un programa exclusivamente comercial que pudiera ser implantado en cualquier capital del mundo. Uno de los requisitos era el de facilitar la identificación de la tienda con la firma y con los objetos a la venta.

El concepto de las cuatro boutiques es similar al creado en galerías de arte o museos, sobrio y clásico, basado en la neutralidad y la racionalidad, otorgando el protagonismo a los objetos expuestos. La flexibilidad y, paradójicamente, la coherencia de la imagen global de las diferentes tiendas se ha logrado, en parte, gracias al cuidado con que se han explotado las posibilidades de cada local –todos situados en los bajos de edificios representativos de la zona más comercial de cada ciudad– y a la uniformidad en la selección de materiales.

El yeso, la piedra y, sobre todo, la madera ayudan a crear una atmósfera común de sobriedad que, salvo unas concesiones de estilo más abstracto y moderno, presenta reminiscencias de los años '30. La intención era crear un espacio neutro donde fueran los mismos objetos los que pusieran una nota de color.

Antonio Citterio ha desarrollado un programa de expositores creados a medida, entre los que destaca un tabique perforado por huecos. Estanterías de cristal con paneles deslizantes, volúmenes de piedra caliza, vitrinas de aluminio y paneles de madera de wengué, presentan los zapatos y bolsos de la firma. La mayoría de expositores cuentan con luz propia.

Arquitectos, Architects:
    Antonio Citterio and Partners
Colaborador, Collaborator:
    Patricia Viel
Fotógrafo, Photographer:
    Gionata Xerra
Ubicación, Location:
    Düsseldorf, Alemania/Germany
Fecha de construcción, Completion date:
    1996
Superficie, Floor space:
    200 m²

Fausto Santini Boutique in Düsseldorf is part of a worldwide project that includes three other shops in Paris, Rome and Milan. All the boutiques have achieved a fine balance between the designs of the architect and the requierements of the client, creating an attractive space in which to display the products.

The project was dominated by the need to dehumanize the spaces, rendering them bare of accessory elements and converting them into abstract icons, part of an exclusively commercial program that could be established in any shop, in any city, all over the world. One key requirement was to make the shop easily identifiable with the brand name and objects on sale.

The concept behind the four boutiques is similar to that of art galleries and museums. The space is restrained and classic and based on neutrality and rationality so that the goods on display are the protagonists. The flexibility and, paradoxically, the coherence of the different shops´ global image was achieved, in part, by carefully exploiting each location´s potential and by using uniform materials. All the boutiques are located on the first floor of a representative building in the city´s prime-shopping area.

Stucco, stone and, above all, wood help to create a serene and subdued atmosphere that is common to all the boutiques. Except for a few concessions to a more modern, abstract style, the mood is reminiscent of the 1930´s. The intention was to create a neutral space in which the objects themselves add a dash of color.

Antonio Citterio developed a set of made-to-measure display cases. The most eye-catching one is a hollowed out partition wall. The firm's shoes and bags are presented on limestone shapes, glass shelves with sliding panels, glass cabinets and wengué wood panels. Most of the displays have their own light source.

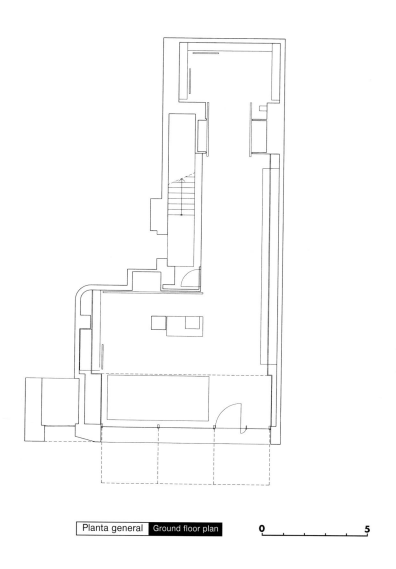

Planta general | Ground floor plan

0   5

Todos los expositores son diseño exclusivo de Antonio Citterio and Partners.

All display systems were designed by Antonio Citterio and Partners.

Boutiques Louis Vuitton

Arquitectos, Architects:
    Peter Marino & Associates
Fotógrafo, Photographer:
    David Cardelús
Ubicaciones, Locations:
    París, Francia/*France*
    Londres, Reino Unido/*United Kingdom*
Fecha de construcción, Completion date:
    1998
Superficie, Floor space:
    1.100 m² (París/*Paris*)
    745 m² (Londres/*London*)

El proyecto de la Boutique de Louis Vuitton en París tenía que servir para presentar una nueva colección de ropa informal de la firma, como complemento a las ya clásicas colecciones de maletas y complementos.

El local está ubicado en un emblemático edificio *Art Deco* de los años '30, en una de las esquinas de la Avenida de los Campos Elíseos. Se proyectó una nueva fachada de bronce y vidrio que invita a entrar a una rotonda de altura considerable, acabada en madera y yeso pulido. Todos los recorridos fluyen desde la entrada, creando múltiples itinerarios. Los diferentes ambientes tenían que ser lujosos lejos de cualquier opulencia. De este modo, Peter Marino ideó una tienda de líneas claras y sofisticadas que permiten destacar los productos expuestos.

Un espacio de doble altura -acristalado y con marqueterías de madera exótica- permite conectar visualmente la planta baja con el nivel inferior. En esta planta, otra rotonda enfatiza la experiencia espacial de la entrada. Los suelos son de madera recubierta con alfombras de lana que confieren calidez a las zonas de exposición.

Existe una entrada alternativa a la zona de ropa masculina. Este sector del proyecto se trató de la misma manera: enyesados perfectos y brillantes. Una escalera de bronce y un ascensor acristalado comunican ambos niveles.

La boutique en Londres es más reducida y discreta. En este sentido es más fácilmente identificable con los preceptos minimalistas. Las particiones verticales se aprovechan como superficies de exposición, creando dobles fondos con huecos o estanterías de perfil esbelto. Los materiales utilizados también son el yeso pulido y la madera. La solución de la escalera y el ascensor se repite en bronce y cristal.

A parte de algunos focos puntuales, la instalación lumínica está escondida detrás de un falso techo que no llega a las paredes.

Boutique en París: desde la página 198 hasta la 202.
Boutique en Londres: desde la página 203 hasta la 207.

The requirement of the Louis Vuitton Boutique project in Paris was to design a shop for the firm's new collection of casual wear that would complement the company's classic collections of suitcases and accessories.

The premises are located on a corner of the Champs-Elyseés Avenue in an emblematic Art Deco building from the 1930´s. The creators devised a new bronze and glass façade which seduces the passerby into entering the high rotunda finished in wood and smooth stucco. There is a multitude of paths, which begin by the entrance and lead to different ambiences, all designed to shun opulence or extravagance. Peter Marino designed a boutique with clear, sophisticated lines that highlight the goods on display and emphasize their style.

The street level is visually joined to the basement by an open space with a glass double-height ceiling decorated with exotic wood marquetries. There, another rotunda emphasizes the dimensions of the entrance. The wood floors are covered by rugs and carpets that add warmth to the display areas.

There is an alternative entrance to the Gentleman's wear section. This part of the project has a similar approach the shiny plaster is perfectly finished and a bronze staircase and a glass elevator join the two levels.

The London shop is smaller and more discreet, making it easier to identify with minimalist principles. Clothes are exhibited in the hollow cavities and on the slender shelves of the vertical partitions. Once again, the materials are smooth plaster and wood, and the staircase is made of bronze and glass.

Except for some strategically placed spotlights, the lighting is hidden behind a false ceiling, which does not reach the walls.

Boutique in Paris: from pages 198 to 202.
Boutique in London: from pages 203 to 207.

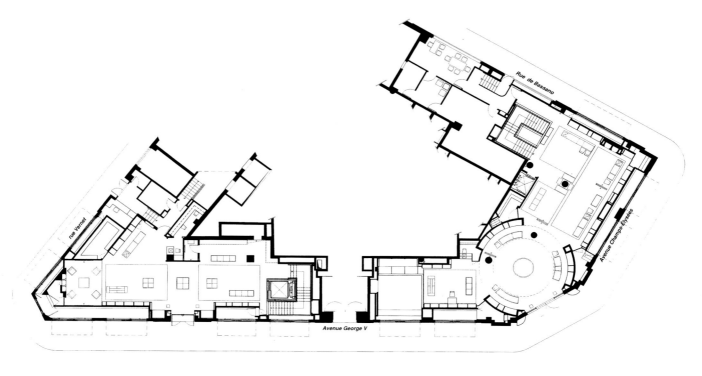

Planta principal | Main floor

0   5

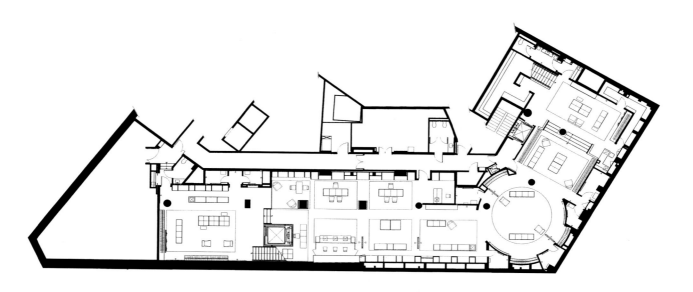

Planta inferior | Lower level

0   5

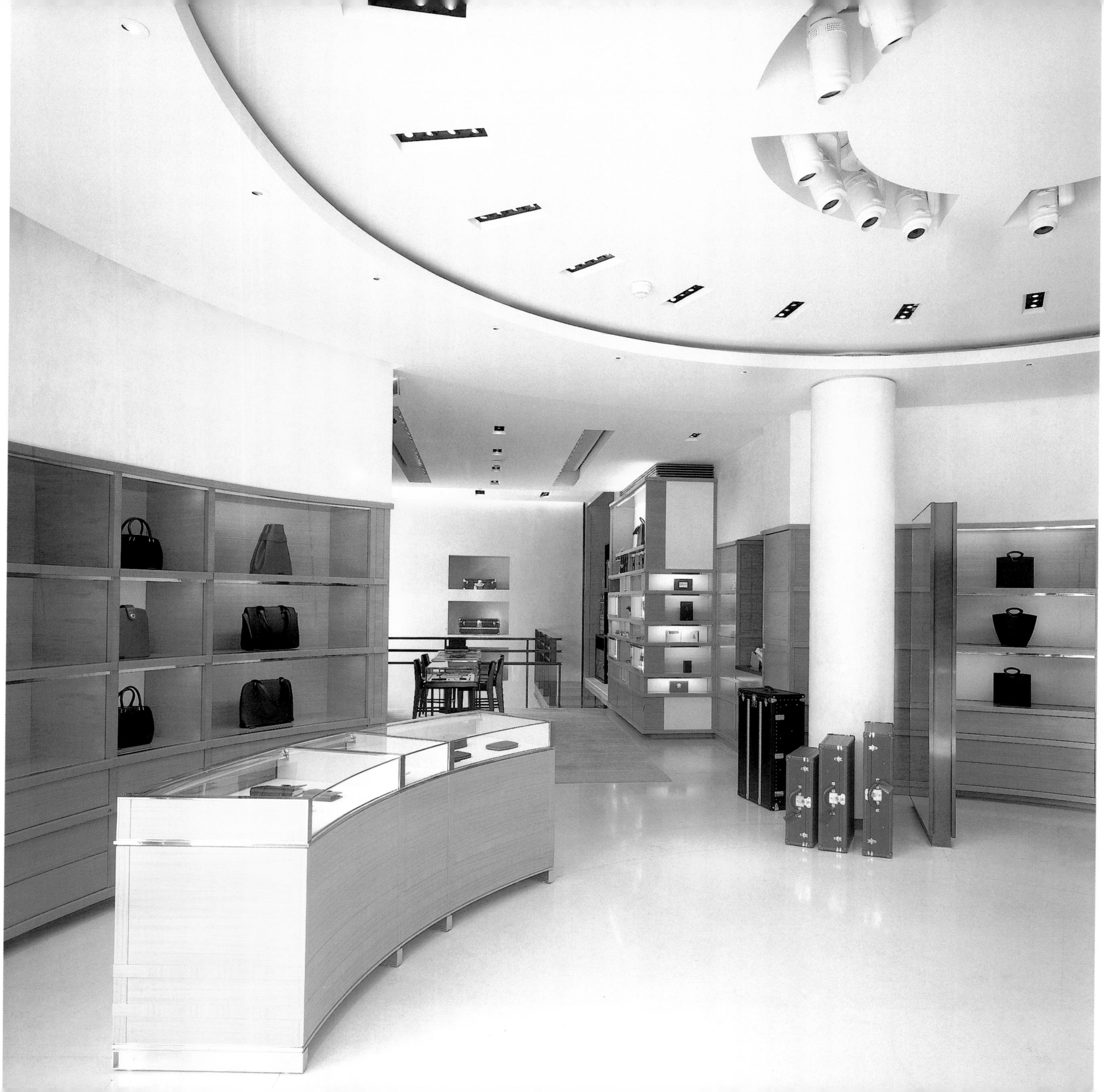

Las plantas muestran la complejidad de los espacios y los recorridos.

Plans show the complexity of spaces and paths.

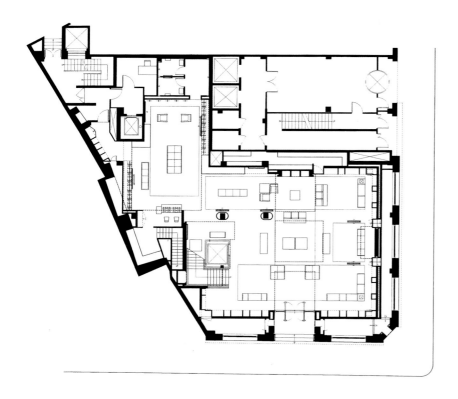

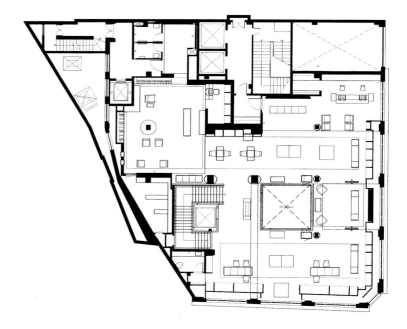

| Planta baja | Ground floor | | 0   5 |

| Planta primera | Second floor | | 0   5 |